未來智造者

郭台銘台灣優先策略

Future Maker

Terry's Taiwan Priority Strategy

張殿文 | 著

領導創新方向

胡正明（美國二〇一六年總統國家技術創新獎得主，台積電第一任技術長，中研院院士，加州大學柏克萊分校講座教授）

二十年前我回台灣擔任台積電首任技術長，殿文訪問我關於摩爾定律到達極限的質疑，我說摩爾定律至少再走二十年，二〇一八年我們再見面時，我的答案已經變成了「摩爾定律遲早會變慢，但是半導體產業還能再成長一百年」。

我的立論很簡單，如果我們打開看半導體成長的曲線，雖然自一九九五年每年的成長率不再以兩位數前進，但是成長率仍優於許多大產業，而且未來需求只會愈來愈大。

毫無疑問，半導體產業是一個很大的產業，就像飛機、鋼鐵、造船、汽車、建築一樣，半導體銷售值僅是世界總產值百分之〇．四，仍遠低於汽車

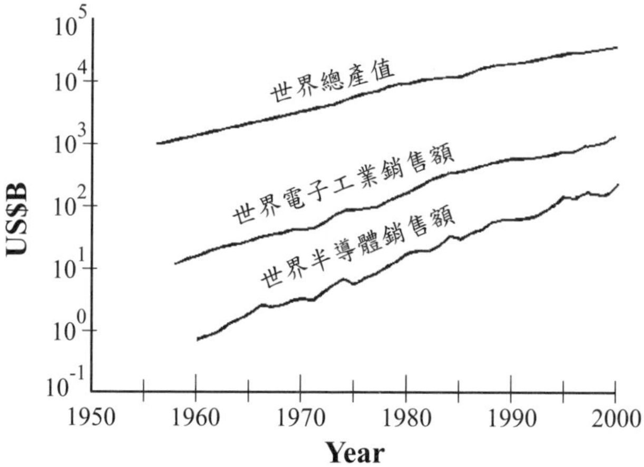

工業的百分之三。人類社會未來必定使用更多智慧型產品，那麼半導體將繼續享有高於一般產業的成長率，足夠台灣立足世界，領先世界，台積電就是最好的例子。

二十年前我回台灣時，韓國平均所得落後我們，ＩＣＴ資訊產業和我們差不多大，沒想到二十年後，韓國人均所得竟然超越台灣，而且ＩＣＴ是台灣的三倍大！百分之十四年成長率也比台灣百分之九高，顯然台灣產業政策出了問題，這二十年來我一直擔心出現「雙輸」的局面，已然浮現。

所謂「雙輸」，就像為了抓下天上過去台灣沒有的新興產業「新鳥」，無意中放掉了手上世界稀有的「大鳥」。政府的預算及宣導如皆不利ＩＣＴ產業，想發展新的產業又落空，難怪經濟會原地踏步！

台灣有引以為傲的機械業、工具業、半導體產業，卻沒有好好珍惜，反而嫌棄代工、嫌棄黑手。我認為，只要能創造附加價值，大量提供高薪工作機會的產業，就是好產業。曾經有媒體朋友問我，大量的碩士博士到晶圓廠排班管機器，這不是人才浪費嗎？其實這就是市場機制，人才自己會選擇，有些人會去創業，有些人去上班，最後決定誰能創造較高的附加價值。

政府設立科學園區，立意美善，把土地水源電力基礎建設做好，讓各種新興企業進駐，努力公平發揮，但不應該由政府決定創造或扶植什麼新產業，這是企業家的事，好吧，就拿佔有全球半導體製造百分之七十市場，台灣引以為傲的半導體代工產業為例吧，當初政府所謂的「扶植」，其實也不過是決定花費四百萬美元，買下一條美國無線電公司（RCA）準備報廢的四吋晶圓生產線，引進台灣。

要知道，當時「十大建設」一條高速公路每一公里的平均造價就是一百萬美元，四百萬等於四公里，這就是政府當時在資金上對人才技術的投資了，當人才技術由此成長到能吸引投資建廠時，產業自然啟動。

但是四十年過去，反而靠著工業環境裡產生的科技和人才，打造出在全球佔有重要地位的台灣半導體及資通訊科技產業，精密機械業、工具業，也是一樣。這時，就值得政府持續重點的挹注基礎建設資源，以繼續強化這些有規模和競爭力的產業在全球舞台上的領先地位，反觀台灣用大量科研資源和大學的教育資源押寶式的創造新產業的政策已經施行二十年了，但不但新產業不成氣候，既有優勢產業已經因為缺少適用大學畢業生等基礎建設資源的投注而出現競爭力流失。

二〇一六年我到白宮領取「國家創新和技術獎」，以及在台灣領取「潘文淵獎」後，人常介紹我研發的3D鰭式電晶體（FinFET）突破物理極限，堪稱半導體工業四十年最重要的創新，其實我一直認為外界想的創新，和我理解的創新可能不太相同。

一般總認為大步躍進的技術及方法，才稱得上是創新，但我認為只要能解決困難，突破過去沒有進展的問題，就是創新。多數創新都是小創新，但是小創新做多了就會有機會做出大創新。我的創新就是這麼做的。

創新多來自跨領域知識的學習，畢竟要解決別人不能解決的大問題，必須先要擁有專業精深的知識，同時也要學習周邊知識，才能從中得到啟發，所以，我認為創新人才，就是能夠「解決問題的人才」。

同理，創新的領導人就是「能解決問題」的領導人。目前台灣高科技面對的難題，缺水缺電缺「人才」問題，有賴台灣「能解決問題」創新的領導人和魄力決定資源使用的正確方向。

政府很早就應該針對產業人才需求，進行調查盤點，要讓優勢產業有足夠人才繼續成長，藉此做為大專院校開設科系、決定招生名額以及課程規劃的依據，如此一來，才能透過教育體系，培養出真正符合產業需求的人力資源，要讓年輕人學有所用，而不是沮喪失望。

教育部科技部的資源，應為優勢產業提供所需的人力，更要與經營市場能力強的優勢企業共同合作，才能在合理時間裡大量創造就業與經濟效益，對國家經濟提供有意義的改進。

科技預算分配，基本上決定了教授、學生、研究單位、技術在不同產業領域的分配。學校要和產業結合，不是要和教育部結合，事實上我們的教育體制還是五十年前的體制，因此學研界產出的人才技術，與ＩＣＴ、精密機械等產業界所需，出現大幅落差。

台灣大學的研發經費，來自企業界的比重約百分之六．三，雖然低於韓國（百分之十一．三），但比美（百分之六．〇）、日（百分之二．五）、英、法等國更高。台灣主要優勢產業必須積極參與政府科技預算分配和使用，不能因為是政府的錢，而任由學者主導：必須以基礎建設（包括提供優良大型產業需要的人力）為先，科技投資的項目則由政府出資，產業出題，學研解題，才能營造經濟永續成長環境。特別是台灣、新加坡等較小的國家，不能長期大注押寶特定產業或搶上每班新產業快車。

科技預算分配合理化，支持主要的產業。企業才是創造工作和企業的單位，不是學校。像我觀察美國制定教育和科研的預算，是請大企業的CEO參加聽證會，而不是邀請學者科學家，學者科學家沒有能力來引導產業成長。

更進一步來說，大學研究經費使用也需要改革，各國都開始注意到，以期刊發表為主要目標，未與產業協調，相當可惜，反觀我們的對手韓國就較為務實，像DRAM（隨機存取記憶體）研究文章發表在期刊和參與會議交流的比例是六：四，比較台灣的九：一更加務實。

產學合作，能使大學研究和教學更深入、有意義。我無法想像如果Stanford、Berkeley與產業脫節，還會像現今這樣受到全球學界和企業推崇嗎？誠如上述最好的循環模式，是由產業出題、學研界解題，營造國內合作，國際競爭的經濟動能。

我再以自己服務的柏克萊大學為例，由於數位時代來臨，工作機會增多，學校配合學生需求積極擴大計算機課堂人數，從二〇〇五年到二〇〇九年間，修課的學生從每學期三千人課增加至一萬人課（現在更多），學生來自各種背景，不限理工科系學生，像這樣的人數不是來自政府政策或政府經費的挹注，而是系上知道而自動配合學生的需求和產業的需求。其實許多美國著名科技大學在這段時間都做了類似的努力，目的不是創造新產業，而是提供美國已經領先的社交平台，蘋果，資訊工業的需求。美國這些大企業因而能夠在最近十年繼續壯大，獨步全球。美國政府雖然沒有領頭，但也沒有阻擾，這就是市場機制和大學教育者的責任。在台灣，沒有政府介入，大學可能無法調整教育產出人力供需的失衡。台灣政府應當以此為借鑒，反轉過往用大學創造新產業而不提供大企業的人力需求，造成「除了台積電，ＩＣＴ業者都找不到好人才」之嘆的政策。我猜想台灣還有其他產業的大企業也在嘆息找不到人才。

從產業環境觀察，台灣社會文化及產業環境，遠比大多數國家（含日韓）更適合科技創業，未來領導人也必須引進國際頂尖創投公司的專長能力，填補台灣創業生態的缺口，大國如美國和小國如以色列，新創企業是經濟和就業的重要動力，台灣領導人必須能夠有效利用這個競爭優勢。

以上觀點，我曾在不同場合和歷任國家領導人建言，十年過去了，我希望台灣能盡快回到對的方向，物聯網和人工智慧時代來臨，中美貿易形成壁壘，殿文利用我來新竹講學時，多次交換台灣科技產業何去何從的想法，經濟的背後，就是國家科技的發展策略，這是殿文長期關心的主題，也是他和我分享寫作本書的初衷。產業、政策和教育方向，都需要社會的理解和支持，也預祝本書大賣，更多的人一起來關心和討論台灣科技的未來。

台灣未來領導人的理想樣貌

何飛鵬（城邦媒體集團首席執行長）

二〇二〇，台灣再度總統大選，什麼樣的人將會出線，成為台灣未來領導人？

這是決定台灣命運的關鍵時刻，現在的台灣正是百廢待舉，財政困難、人口老化、電力不足、健保岌岌可危、薪資低迷、經濟不振，這些問題都期待一位有為的總統，大刀闊斧進行改革，以振衰起敝，讓台灣恢復往日的榮光，大家都在等待二〇二〇台灣新的領導人。

問題是在眾多候選人中，台灣人很容易就把好惡直接投射到個人身上，大家都有各自的支持者。可是很少人問為什麼？這個候選人是誰？他有什麼優點？他為什麼適合成為台灣未來領導人？現階段台灣缺什麼樣的人？什麼樣的人才能給台灣帶來新的樣貌？哪些特質是台灣未來領導人必須具備的條件？

這些問題很少人問，以致於台灣經常選出錯誤的人選，馬英九、蔡英文都以高票當選，可是經不起時間的摧殘，不到幾年，支持度就變成驚人的低迷，因此明年的總統大選，我們必須開出明確的條件，而所有的選民也必須睜大眼睛，看看誰才是最符合條件的候選人，這樣才能選出相對理想的未來總統。

身為企業經營者，也長期觀察台灣大中小型企業的經營，深知經營的成敗，與企業領導人息息相關。而國家的治理，也與企業一般，基本的道理也一致。因此我嘗試從台灣目前所面臨的現況，列舉出台灣未來領導人所必須具備的特質，以供國人選擇的參考。

根據我的觀察，台灣未來領導人必須具備下列特質：

（一）必須是會用人的人；
（二）必須是會帶領團隊的人；
（三）必須是會用錢的人；
（四）必須是實事求是、解決問題的人；
（五）必須是不爭統獨的人；
（六）會發展經濟的人；
（七）能與大陸對話的人。

第一項會用人的人，指的是要有識才的能力，與無私的用人態度。

凡人有兩種指標，一是能力、一是操守，用人是賦人權柄，如果操守不佳，所託非人，勢必全盤皆輸。至於能力則較易辨識，國家領導人要能辨識能力與操守。

至於在用人態度上，必須絕無私心，為國家舉才，不問黨派、不問立場、不問親疏遠近，惟才是用。

在過去的政黨輪替中，新上任的總統，用人惟顏色，藍的用藍的，綠的用綠的，導致有能力的人才投閒置散，官僚體系崩壞。

未來台灣領導人的第二項特質是要能激發團隊士氣、帶領團隊的人。這主要是因為中華民國的政府體系正面臨了系統性崩壞的現象。

現在的台灣政府變成政府預算的發包單位，已幾乎完全不能做事，也無法解決問題，造成了各級政府頻頻出錯，而且經常犯的是不可思議的低級錯誤，主要的原因是在政黨輪替中，各級官員任用只看關係、只問色彩，是非觀念崩壞，會做事的人不在其位，換了總統，可是系統崩壞，發揮不了功能。

未來的總統要能夠透過各級官員，帶動官僚體系的士氣，賞罰分明，有效的推動政務，發揮國家機器的功能。

未來總統的第三項特質是要會用錢，能有效率的用錢。

台灣政府經過近二十年的揮霍之後，政府財政已非常困難，政治人物動不動就花錢取悅老百姓，再加上財政紀律不佳，花錢沒有效率，不斷追加預算，導致國庫空虛。

未來的總統，一定要嚴管財政，不可再做濫好人，為所當為、花所當花，要把錢花在刀口上，才能為台灣造福。

未來總統的第四項特質是要能實事求是、解決問題，這項特質與第五項特質：不爭統獨，正好是一體兩面。

過去二十年，台灣總統非藍即綠，施政以意識型態優先，不斷炒作統獨議題，以取悅各自的同溫層，可是只要政黨輪替，又轉回原地，所以這二十年的施政，永遠在原地打轉。

當意識型態優先，政府的施政重點就不會在實事求是的現實議題上，以致於許多迫在眉睫的問題，也被敷衍了事，束之高閣。

最明顯的就是台灣的缺電問題，非核家園有明顯的意識型態的痕跡，到現在缺電問題已變成台灣急切之痛。

所以台灣的未來總統，一定要「不籃不綠做實事」，以老百姓的小事為重，真正解決台灣這塊土地真正急切的問題，才是正辦。

未來台灣總統是要能發展經濟的人。過去台灣四十年的發展，能有傲人的成績，全在經濟發展。我們曾是開發中國家的典範，可是這二十年來，產業外移、經濟不振、薪資低落、市況蕭條，我們極待一位擅長發展經濟的總統，重新讓台灣經濟恢復往日的榮光。

最後一個總統的條件是，要能與大陸對話，讓海峽兩岸維持和諧的關係。

大陸是台灣的近鄰，也是台灣安定最大的變數。台灣的領導人必須要有足夠的智慧，與大陸對話，不失分寸、進退有度，找到和平共存的模式。

在現有浮出檯面的總統候選人中，看起來藍綠兩黨的傳統政治人物都離這七項未來領導人的特質很遠，惟有企業家出身的郭台銘，看起來比較接近，他的經營者特質，讓他在用人、帶團隊、精打細算用錢，以及實事求是做事，都是其強項，因為這些都是數十年來經營企業每天奉行不逾的信念。

至於發展經濟，由於郭台銘本身就是生意人，充分理解民間疾苦，要發展經濟也應不是問題。

唯一比較有爭議的是：郭台銘本身在大陸有太大的投資，常言道：錢在哪裡，心，就在哪裡。老郭的大陸投資成了他的原罪，他要如何讓台灣人相信，他會以台灣人的最大利益為念，而不至於因大陸的投資而有所偏頗，這是所有台灣人未來的觀察重點。

突變從政的郭台銘可以為台灣經濟做的三件事

范疇（兩岸政經專家）

一切經濟產值都發生在世界秩序體系內，而二〇一九～二〇二二之間，世界秩序體系將因美中之間的經濟、規範、制度、文明的全面對衝而發生翻天覆地的變化，台灣能否跟上腳步、洞燭先機，將決定台灣未來三十年的風貌。固然，秩序體系中的政治與經濟因素相互糾纏，對於這個究竟是雞生蛋還是蛋生雞的問題，我覺得大局夾縫中的台灣，必須拿出一把思想的利刀，在做決策時，嚴格區分兩類問題：哪些事務是台灣自己就可以決定的，哪些事務是必須與局勢周旋的；操之在己的部分，台灣全力衝刺，操之在人的部分，台灣順勢而為。

政治因素風雲莫測，需要專論，此處短文僅就經濟維度，提出台灣未來政府以及企業界可以利用的台灣專屬特色，以操之在我的決心全力向前衝刺。

（一）俗稱「工業4·0」的供應鏈新經濟

所謂的「5G」甚至「6G」環境，在消費領域的爆發，例如手機通訊、無人駕駛、穿戴裝置等等，由於其機台密度需求，坦白講，十年後再說。但在智能工廠甚至智能生產聚落內，卻是明天就要發生的事。而台灣領先全球的特色經驗，本來就是打造生產聚落；當世界上其他競爭者還在關注「單一智慧工廠」之時，台灣完全可以直接由「工業聚落」的高度切入，發揮競爭者無法企及的綜效。

更進一步的，當下多數人還將工業4·0視為一種自動化、效率化的延伸，只不過是工廠通過「物聯網」進行無人化的「智慧工廠」。老闆們聽得進去，多半是因為可以「省人工」、「提升品質」。但是，「工業4·0」只是追求更快、更好、更多、更省嗎？這樣想的人，最終一定被淘汰出局。最智慧的工廠，應該是一座扣緊終端消費者習慣的工廠，而不是「接單生產」的工廠。

用一個極端的比喻來說，未來每一座智慧工廠，都得像一家成功的餐廳一樣，從廚房端就親切地照顧到每一位食客的需求。智慧，是為了終端客戶的消費習慣而智慧，不是為了公司或老闆的銀庫而智慧。因此，在接下來幾年全球供應鏈重整之際，台灣若能在電子設計、機構設計上，植入（design-in）應付終端客戶彈性的需求元素，同時也植入「台灣式協作體系」，包括遠距協作，那麼台灣產品的附加價值就會在世界上獨樹一格。

此概念不但適用於工業領域，也可轉移至農業和服務業。服務元素才是真正的包山包海，一切的工業、農業、服務業產品，如果五至十年再不嵌入合理、有效率、扣緊終端客戶彈性需求的製程，那麼即使生產技術已4．0、甚至5．0了，也都是次等經濟。

（二）台灣應做供應鏈重組後的「資安定海神針」

拜中國本土電子業在世界上出現「信任危機」之賜，台灣可以彎道超車，把「台灣製造」（MIT）的信任牌，一路打到底，尤其在電子業的資安領域。美國全球封殺華為，理由就是資安，其最兇悍的論點是：豈止華為設備，所有在中國組裝的通信裝置，都有後門。而幫華為講話的人，也有論點：思科（CISCO）的後門漏洞，比華為還嚴重，難道蘋果手機沒有後門？

不知讀者看到重點了嗎？在電子業領域，整個世界未來幾年，在「資安」爭議上一定四處著火，處於各國相互「狗咬狗」的狀態，用戶普遍驚惶不定。既然可預知，那商機在哪裡？產業的利基落在哪？台灣做為世界最大電子原件及設備製造基地，最有資格把「資安」變成台灣的品牌，成為世界資安沸湯中的「定海神針」。

全球化的特徵之一就是「安全標準化」，即使反全球化的人，也不會反食安標準化、環保標準化。二〇一九年，拜中國之賜，將變成「全球資安標準化元年」，相信十年之內，每一個國家的每一個企業都跑不了。不久之後，世界平民就會出現類似食安抗議、環保抗議、性別抗議、人權抗議的「資安抗議」運動風潮，人民上街遊行，要求自己的政府保護資安和隱私。台灣其實可以領風氣之先，成為全球資安意識的領頭羊，政府和電子業也可以趁勢板上釘釘，一舉把「資安」變成台灣的世界品牌。

台灣政府，起來號召世界資安吧，不能參加WHA，乾脆來帶領一個WTSA（World Technology Security Assembly）如何？全球邀請兩百個代表，補助機票住宿，幾百萬美金就搞定；政府各部門駐外單位、資策會／工研院駐外的幾十個代表處，動起來用吧。利害相關的電子業，帶頭出錢出力吧。

台灣的「資安定海神針」是個利基，口號也簡單：「Taiwan-The Country You Can Trust」。T這個字母很好用：Taiwan, Technology, Trust，都是T。

（三）台灣的國策定位在新時代下應該是「靈肉分家」

台灣在世界上競爭，不能比力氣、比肌肉，這點應該是共識。新經濟講究的，依然是人流、物流、金流、知識流，台灣競爭力的關鍵在成為這「四流」的節點，然而節點不一定是地理上的、物理上的。匯流的節點可稱為靈魂，而靈魂和地理上、物理上的肌肉是可以分家的。

以金流的節點為例，二〇一九～二〇二三年之間，長年在外的台商可供回流台灣經濟的數千億、數兆台幣，「回流」後一定得駐紮在台灣嗎？以台灣數十年來的土地漲價、國土破碎化、人口老齡化、人才流失、能源吃緊、政府財務空虛等等實質問題，吸收得了數兆的資金回流嗎？這還莫說國內已經充斥的爛頭寸，以及急需吸引的外資。

其實，在靈肉分家的節點思路下，完全可以一石五鳥的讓台商資金回流、政府抽到稅、不增加台灣的土地和基礎設施壓力、不必擔心國際洗錢法、也不會撞上美國抵制中國的槍口。台商回流的資金，專款專用，或獨立成立主權基金，或與國際資金一比一合資成立國家隊，前往美國或歐洲，投資前述的「台灣智能產業聚落」，再打出前述的「信任」（Trust）牌，由台方開出條件，當地政府撮合，台灣政府所抽的「回流稅」，由被投資方政府的優惠政策中分數年攤提回來，台灣政府一點虧都不用吃，台商也只是錢從左口袋放右口袋罷了。

我想，回流資金所期待的條件無外乎以下：土地充裕集中以便打造產業群聚，建廠迅速，人力足夠，能源不能斷，地方勢力不要來揩油，進出口快捷便利，最好能有五～十年的減免稅期，若再有一些其他免稅補貼更好。在以上條件下，回流台灣的資金繳百分之十稅沒問題，若條件夠好，百分之十五我都認了。在商言商，企業界下的是一盤棋，只要通盤算下來合算就可以。這兒可以透露一點秘辛。早在今年三月份，筆者的一些關愛台灣的外國友人，就已經向美國白宮直接建議如上述的建議，白宮關鍵人士也認為美國完全可以滿足上述條件，美國訂單直接在美國下單給「台灣智慧產業園區」，但白宮表示「商業事商業了」，最好由台灣政府或業界直接主動提案，由美國在台商會側面協助，而不是由美國官方主動。而今看來，台灣的主動性和速度，都跟不上友方的善意。

再以人流節點為例。人才是台灣的靈魂，不論高級人才或初級勞力，若實施本國人才與外國人才政策脫鉤，採用如新加坡一般的人力資源策略，則可人盡其才、才盡其流，各行各業各取所需，企業界可集中資源提升台灣本土人才的薪資及競爭力。

以上提及的三個方向，都是善用台灣「專屬特色」下之策略，並有相互加分之綜效。在一定發生的世界環境劇變下，下一屆執政團隊無論由誰領軍，都是非做不可並操之在己之事。企業家郭台銘先生突變投身政治，不論選舉結果如何，他都可以為台灣經濟做這三件事。

自序：行者和願者

張殿文

蘋果創辦人賈伯斯唯一授權傳記完成後，其實他本人一直到去世根本沒看過。他有權看，有權改，但他最後決定不看，因為他讓這位熟識媒體人寫作的目的，是讓他女兒未來可以更了解他。他尊重作者，也讓他的女兒更有機會，能從不同面向來了解他，並不完美。

我不得不佩服，賈伯斯，照見五蘊皆空，所有的人事物，只要透過言語、透過文字、經過時間、越過空間，一定「失真」，更何況還有不同立場、他人隱私和權力考量，盟友變成戰友，愛人變仇人，再多文字、鏡頭，也不可能百分之百完全照見他心思準確。

我出社會第三份專業工作叫做「記者」，後來才發現這工作「神聖性」在於你所見所聽聞的事情，都不一定是「真相」，更何況，你沒有親見的人事物？藉由4W和1H，再借助數字、證言、證物，以圖文郵寄給時空，在未來建檔。

很可惜的是，自己仍常帶有偏見，懷疑對方每一句話，及說這句話背後的意圖，更不用說受訪者有備而來，有些人見招拆招，我則被自己的眼界和知識所侷限。

每一句都要查證，實在太辛苦了，後來，我習慣把受訪者話語歸類成當下告白，反而是看他做了什麼事比較重要，有些人會做事，郭台銘就是這樣的對象，這也是寫作本書最大挑戰之一，參考現有理論很難，人工智慧發展的顛覆性應用太多，郭台銘採取策略的對應更加快速，加速全球化企業經營理論更新。這也是寫作本書最刺激之處。

現在看起來，我職場成長在「WETEL」（微軟Window視窗＋Intel處理器）年代，每天都在看IDM（整合元件廠）和Foundry（晶圓廠）的爭議，華碩技嘉主機板帶領玩家超頻，從台灣可以很簡單得出結論，有晶圓廠，才是真「男人」，杜俊元、曹興誠、張忠謀勝負未明。台灣產業發展，帶動媒體記錄的熱情，也建立自己的產業觀。

我的採訪路線，跟著「摩爾定律」行走，後來我才知威力，從台灣第一座十二吋廠到歐洲第一座德勒斯登十二吋晶圓廠，在不同的單位，一路從商周、天下到數位時代、亞洲週刊，但我一開始就忘了微軟甲骨文EMC，台灣離軟體太遙遠。

要不是半年前和數位時代社長陳素蘭聊到，我幾乎都忘了這故事，有次英特爾邀請我到舊金山參加科技論壇，我很興奮向素蘭提案，想順便空出兩天採訪英特爾在奧瑞岡最先進十二吋廠，素蘭找我和當時總主筆詹偉雄開會，詹偉雄卻建議我去採訪谷歌餐廳和主廚，我差點沒有昏倒，我們「產業觀」不同，或是說，他看到更「高附加價值」報導，而我認為那只是天邊彩虹。

舊金山很美，谷歌人也很客氣。比做硬體的人好多了，畢竟微軟谷歌毛利率百分之六十，行銷費用又佔開銷六成，而我卻老土的不習慣看見「沒有廠房機具」的公司，必須看見原料管理和貨櫃碼頭才會相信企業的實力。

就像在科技業的國際記者會上，如果是中東、東南亞記者的提問，台下大家都很嘈雜，但美國日韓，包括台灣記者的提問，會場都會靜下來諦聽，因為科技中心地帶的疑問，代表無法迴避的監督，就像服裝流行發表會上，法國義大利媒體是代表性的指標。

台灣能見度，也從數位化產業逐漸建立新定位，當然，產業興衰，也變成媒體使命的一部分。台灣從半導體跨入面板，後來我去台南友愛街採訪創辦奇美電子的許文龍，談高科技競爭，他和我說郭台銘也是和我坐在同一位子，郭台銘和他說，「我還不會講國語，就先學會講台語。」後來在鴻海併購奇美的記者會中，我再一次聽到了這個故事。

但那次印象最深的，是許文龍竟然和我聊到，未來世界的文藝復興，會從台南開始。我心裡OS，你在說什麼呀。我雖然很喜歡奇美博物館，很喜歡台南市區的小巷感受明帝國延續，鄭芝龍先在澎湖打敗荷蘭東印度公司的艦隊，後來鄭成功順利登陸台南，卡位「歐亞供應鏈」的大航海時代。

從東洋平戶到南洋的麻六甲，兩岸從泉州到淡水，從供應鏈角度來看，郭台銘立足台灣做為「實驗島鏈」的構想，其實已經歷經五百年的奮鬥，可能是最近拜讀楊渡所寫《1624，顏思齊與大航海時代》，我感覺鴻海的各事業群就像是海洋上航行的船隊，和不同國家政府合作，也和不同洋行交易，賦與不同地理位置的城市，在供應鏈上不一樣的價值。

不管你喜不喜歡，葡萄牙航海家達伽馬來到印度洋時，世界已經回不去了。在台灣成長求學的台灣科技人，充滿了人文氣息，從林百里、童子賢、曾繁城、溫世仁等，這是島嶼豐富和滋養，文藝復興，是許文龍的願心，郭台銘才剛剛「回防」，有些粗魯和激動，請大家多多指教。

我也想起休士頓的旅行，鴻海安排我和一位e天下雜誌攝影，兩天飛三個美國內陸城市，我連那塊牛排長得什麼子都不記得了，那是美國招待阿扁總統過境的餐廳，也是鴻海落地招待的唯一大餐，但是我無所謂，因為我們見證了台灣電子廠商的小型試產線，德州有康柏和戴爾電腦，成本很高，但是二十年前鴻海就在美國「前線」落地。

這已經是近十八年前的事了，現任鴻海AI學院校長陳振國博士還在鴻海陣中，許多人認為美國製造建立供應鏈終究失敗，但我看見鴻海前仆後繼，我看好十八年後前進美國成功，從智慧島鏈做後盾，牢牢連結市場。

二〇一七年鴻海那場股東會上，郭台銘說，「美國中產階級的沒落，絕對是全球經濟的重大損失！」二次大戰之後的嬰兒潮，從八〇年代主導了市場規模和品味，台灣供應服務和產品，這次郭台銘建立供應鏈的過程中，如何強化台灣的基礎架構，就是本書重點。

追求兩岸和平的架構下，其實是從他眼中，如何「安定台灣」的過程，藉由政府效能、自由貿易區、藉由人工智慧等、藉由半導體發展等，從海島連結兩個大陸，重新「武裝台灣」，不用像當年駐紮在新營、柳營，林鳳營、王田官田，從湖南、廣東來的屯兵，等待台南朝廷討論要往菲律賓移防，延續漢人王朝，還是準備投降的答案。

賈伯斯打造的蘋果，市值一度達到一兆美元，三百家的供應廠商，拯救了台灣的外匯，值得鴻海屯兵台灣，更值得台灣「自強」。媒體是溝通者，是見證者，也是「監督者」：只是監督方式之一是讓「事實」說話。二〇一七年鴻海併購夏普的簽約典禮上，郭台銘全程用英文發言，展現麥克阿瑟式的自信，背後是中華民國和日本的國旗。

但我更觀察日本新一代記者敬業認真的態度，語言能力更強，早上六點就在股東會場守候。我有點失落，也有點興奮。未來的全球電子業，會比海　還要海　，出沒更加出神入化，郭台銘行事和媒體性格也會充滿更多結構性的緊張，但只要有更多認真有熱情的年輕媒體人接棒，就有更多的可能的未來。

二〇一三年那一次我的出差請求通過了，趁著到拉斯維加斯，再飛到達拉斯轉機到亞馬遜流域，見證鴻海在南美洲巴西的佈局，從聖保羅還要再飛三小時，才到工業大城瑪瑙斯，那是鴻海一年前併購的手機零件廠，連郭台銘都還沒去過，我累得在飛機上睡著，醒來後飛機還沒有飛出蜿蜒的亞馬遜河上空，當時我心中ＯＳ，郭台銘，行者無疆。

祝願台灣成為人工智慧的堅強堡壘，祝願智造者開創未來，歷史已經寫下，未來已經獨家授權先行者，人工智慧將負責成敗的預言。

感謝：共同增上的鼓勵

這本書能完成，當然要先感謝郭台銘先生。誠如媒體訪談所言，這次出「兩本書」因為朋友太熱心了，也沒有對我的作品做任何干涉指示，讓我以第三人稱獨立完成這本「很不配合選舉」的作品，其實「代工」最核心的精神是保守客戶秘密，這一點台積電做到了人類「誠信」的產業標準，鴻海團隊、錢媽媽、Yang、戴桑、呂董，目前為止，也做到了（但郭董要帶著這個優點進入政壇很難），加上連續參加二十年鴻海股東會，聆聽您對每一年的檢討和期許，讓我對產業上中下游學到太多，也看見列強品牌多年來玩弄代工廠（見第五章）間，台灣廠商生存下來，現成為智能島下一步紮實基礎。

當然，本書能出版最要感謝華人最大出版集團執行長何飛鵬發行人，和他的團隊。原來他是政大橄欖球隊，難怪衝勁十足，從專欄寫作到電子書，這本書出版前我已有五年沒有去看他，反而去過中研院幾次找他姐姐何美鄉博士聊天，但城邦戰鬥力不輸鴻海，凃玉雲總經理、陳逸瑛、劉麗真的專業建議，讓我寫作沒有後顧之憂。

感恩家人。他們知道我很會在外面混，從有機農場到建國玉市，而且常常錯過看牙時間。

其他兩位幫我寫序的前輩，都是「當代極品」。對於產業、對於郭台銘，都有獨到見解，胡正明博士的半導體發明和成就，解決散熱和體積的問題，讓摩爾定律走下去，否則大家都玩不下去了，我一直很難想像他當年拒絕安迪．葛洛夫給他工作的自信，如果他謙虛為華人第二，恐怕沒人敢排第一，他同意為序，是我的榮幸，也是郭台銘的榮幸；當代名筆范疇，更是在旅美途中把序文給我，這位從台大哲學系轉入產業的評論先鋒，也把文人幽默和氣質，帶到國際視野。

回首財經寫作一路走來，真要感謝高希均教授，除了第一本《虎與狐——郭台銘的全球競爭策略》、第二本《超越自我的預言——郭台銘語錄》，第三本《融入顧客情境——台灣7-ELEVEN的共好經營學》和第四本《懸崖邊的貴族——蔣友柏蔣友常兄弟自傳》等作品，都是以第三人稱在天下文化出版，高教授也栽培了很多年輕人，讓台灣政經寫作的領域人才輩出，一棒接一棒。

忙於著作和鎮守香港前線的亞洲週刊邱立本總編輯，一直是我新聞上寫作上最棒的實務顧問，也感謝他給我最大的空間，研究自己有興趣的寫作題材，當然，他隨時上戰場陪我跑新聞的熱情，也給了我很大的鼓勵，這部分的許多指導和評言，同樣來自我中國文化大學老師羅智成和上海復旦大學新聞學院的劉海貴院長，雖然離校十多年了，他們仍是我心目中學研的典範。

當然，更多的異業好友，邱秉恆大師、鄭安理博士、胡焱榮大師、徐嘉森、曉慧姐、Kevin、鄭惠中老師、呂禮臻會長、周在台老哥、廖總經理、國際博弈用品暨服務協會創辦人莊董，這陣子趕書沒到內湖陪您喝茶，還有楊明勳律師、低調的工研院王鵬瑜主任、朱成志董事長、陳建霖、中華香道協會游理事長、陳社長、安和家人們Beryl姐、John、Carol、王群文、Ray、劉董、Nelson、Eric、James、Irene、大倫、小海、旻璋、志明等，下本書忙完大家再來喝茶。

序曲：工業總統的告白

郭台銘先生，參選總統之前，可否先交代中國大陸曾經提供給你多少好處？

答：大陸提供我規模最大、最勤奮、最靈巧的勞動力，我在大陸最多曾有一百二十萬員工，更不用說，政府也提供我龐大電力和水力，

當然，我總共付出了千億人民幣薪水，提供數千萬個工作機會，創造上兆的外匯，

不過大陸給我最大的好處，是讓我也參與了海闊天空的建設，還有未曾想過的磨練和挑戰，你知道貴州在哪裡嗎，那是最偏遠的西南，你也知道上海股市吧，未來將會是亞洲最深的資金市場！我必須要說，過去一起和我奮鬥的夥伴，也拿了不少好處，隨著公司的成長，

我會把股份慢慢轉移給他們，而我自己也會保留很小的部分，做為信託，我想子孫也夠用了，但是我們做人不用貪心，我現在目標是活到一百歲。

郭台銘先生，選總統之前，可否進一步說明白美國提供給你多少好處？

答：美國給了我最寶貴的市場和客戶！

美國讓我看見創業創意創新的價值，

美國讓我看見什麼是效率、權利、責任和法制，

美國也讓我看見什麼是資本主義的夢想，什麼是人類生命追求的暗黑面，

天佑美國。現在他們也給了我減免，四百公頃是美國製造的機會，更是台灣大好機會！

郭台銘先生，那台灣呢？台灣曾經給你什麼好處？現在你要參選總統，準備給台灣什麼好處？

答：台灣，給我最重要的好處，是讓我衝向世界。你要知道，當初沒有這塊養育我的棲身之地，教會我中華文化，先賢智慧，否則我如何安身立命，要不是台灣有人倒我的帳，我不會到大陸奮力一搏，沒有大陸，我接不了蘋果訂單，我走不上世界，我無法上交數千億以上的稅金給台灣……過去台灣媒體對我的報導，只有真相的百分之二十，我只是一隻打不死的蟑螂，但絕不是血汗工廠，也不是外界的歌功誦德美化我，更不是百分之兩百第一人稱自吹自擂，只有極少數極少數記者比較客觀啦，經過這次選舉我直接站在台上讓大家檢視，大家才知道我口才不好，又缺乏美式政治人物的幽默感，發言需要看稿，但大家也都看到

了，我有一顆熱情的心，冷靜的思考，宏觀的格局，具體的行動，奉獻的態度，以前我接受張殿文訪問時就強調，二十五歲到四十五歲，我為了溫飽做事，四十五到六十五歲要為理想做事，六十五歲之後，要為興趣做事，現在我六十八歲，我覺得在這裡我是有責任的，我的父親、弟弟、我一起創業的前妻，都埋在這裡，所以我只能選擇走下去，但我出來參選，連祖宗八代都要被拿出來……

問：好的，好的……郭台銘先生，請不要激動，如果你有機會當上總統，你要如何領導台灣，邁向未來？

答：我當選總統後要給最大的好處，就是「新經濟十大建設」，包括方向和策略你們可以參閱《未來智造者》……

最後一個問題：台灣追得上韓國嗎？

答：如果我當選總統，一定追得上！打敗韓國！

以上郭台銘的回答，都是我所虛構的，虛構的目的，是以我對他的了解，這些題目他可以講上兩天兩夜。但如果你看本書，可以躺著看、吃東西時侯看、任何時間看，慢慢體會、思考和行動……。

目錄

第一部：和平決心

和平，是看清楚自己的發展位置，川普給郭台銘最大的啟發，就是「政治為經濟服務」，為了要把製造業移回美國，在中西部打造5G科學園區，兩年內五度和郭台銘溝通聯繫，在中美貿易大戰之中，智能科技不但能為雙方帶來繁榮，還能帶來和平。

第二部：安定發展

安定，才能規劃長期穩健的經營模式，蔣經國很不喜歡財團的勢力，來干擾國家政策，決定了台灣經濟和產業的走向。讓台灣不像韓國那樣以大型工業商社為主，韓國前十大企業就佔全國百分之五十五總生產毛額，但是台灣百分之八十是靠中小型企業，這也提供了郭台銘創業的溫床。

第三部：知識經濟

經濟，走向高附加價值的創新經濟。更重要的是，美國未來也會有「彈性」關稅！像川普和大陸、墨西哥及日本談判，會有不同階段、不同的稅率、針對不同的產品，這都要看市場和經濟體的整合和發展，這是全球化市場，加上資訊網路發展必然結果。

第四部：未來行動

未來，有投資，有遠見，有策略，才能讓台灣一代一代繁榮昌盛，走出自己的道路。在太平洋東西岸兩名華人首富的合作中，我才了解郭台銘心目中巨大的科技連結，包括建立洲際光纖電纜，連結高速運轉大數據中心，拉起全球醫療產業的全新世代，從登月計劃到GPS，等於是結合所有的現代科技。

第一部：和平決心

和平，是看清楚自己的發展位置，川普給郭台銘最大的啟發，就是「政治為經濟服務」，為了要把製造業移回美國，在中西部打造5G科學園區，兩年內五度和郭台銘溝通聯繫，在中美貿易大戰之中，智能科技不但能為雙方帶來繁榮，還能帶來和平。

第一章：新中產

年輕的軟體工程師、不同領域的創意工作者，一面在沙灘上討論計劃，有的抱起衝浪板往海岸線去，郭台銘已經開始想像這樣畫面，「他們的腎上腺激素本來就很強，他們喜歡衝浪！」郭台銘興奮的說，不用把他們綁在工廠和辦公室裡，反而更有生產力！

「贏在ＡＩ起跑線上，現在還來得及！」

鴻海集團董事長郭台銘站在台東桂田酒店五樓禮堂，環顧滿堂聽眾自信的說。我看到一名纖瘦女子匆匆趕進來，找不到空位只得盤腿而坐，聽到這一句話時，彷彿也鬆一口氣。

簡報屏幕照亮她的雙眼，她把名牌軟皮背包丟在身旁，她也許是一位創業家，也許是剛從國外回到台東的學人，擁有一定教育程度，一定的時間自由，能夠趕到五星級飯店聆聽二〇二〇年國民黨總統初選候選人郭台銘首度公開主講「台灣的ＡＩ未來」。

台灣選票最少的縣市，人口只佔台灣百分之一，但是一場空前強烈的尼伯特颱風，讓郭台銘和台東結緣。

二〇一六年尼伯特從台東登陸，帶來了十七級強陣風雨，創下一九〇一年台東設立氣象觀測站以來一百一十五年最大陣風紀錄，從台東到高雄，風雨無情轟炸，台東農業損失佔所有縣市的八成，外加三十六所校舍吹垮。

「台東幫我們台灣擋住了第一波的災害！」郭台銘說，他當時決定捐出一千萬給台東，除了協助災後重建，希望台東人不要被打倒，鼓勵台東人重新站起來，更期盼盡一己之力拋磚引玉，祈願美麗的台東能早日復原，天佑台灣。

除了郭台銘之外，國民黨捐了一百萬、執政的民進黨捐五十萬、出身台東的歌手阿妹也捐兩百萬元，網友們當時就紛紛留言大讚：「郭大善人夠霸氣」、「越來越欣賞郭董，人能成功不是沒有原因」、「不管他是什麼政黨，疼惜自己的土地和人民，就是最好的台灣人。」颱風的磨難，讓常年國外出差的郭台銘看見台東，後來尼伯特從台南出海，更橫掃福建，帶來福建史上最大的瞬間雨量。

郭台銘當時雖然捐獻全台最多，但做夢也不會想到，後來會從台東開始他的全省競選之旅首站演說。

台灣首富，來到台灣最窮縣市之一。桂田飯店五樓禮堂不但客滿，而且開放三樓宴會廳給聽眾，像我準時到達卻只好停在三樓，假裝像「學生」一樣席地盤腿坐在前排，倒不是我懷疑郭台銘的魅力，而是這場演講訊息不到四十八小時才公佈，而且選在台灣交通最不便、人口數最少的台東縣，演講時間是下午的五點到六點，主題又是ＡＩ，我估計五百人就不錯了，沒想到整個飯店湧入一千兩百人！

台北到台東，快車三個半小時，坐飛機更只要一個小時十分鐘，當天我坐中午普悠瑪號六九一號列車十二點五十六分出發，聽著「金鐘歌手」陳建年輕快的音樂，四點半就可以到台東。

過去三年我一直追蹤郭台銘在「人工智慧」的佈局，台灣第一大民營公司次世代的策略，試圖拼出鴻海帝國更大的發展藍圖。

四月十七日，他以「和平，安定，經濟，未來」做為他參選主軸。

如果他沒有參選，外人只能從他一年一次股東會，和鴻海集團海內外投資公告，了解他的長遠佈局，如何迎戰未來人工智慧年代來臨。

過去他只對八十萬名持有鴻海股票的股民負責，從他宣佈參選，參與政治事務，必須開始走向公眾。

人工智慧，號稱人類的「第四次工業革命」，特別是在美國與中國全力發展之際，台灣應該扮演什麼角色？台灣，還來得及嗎？

我想身旁和我一樣寧願席地而坐的女子，可能也和我一樣，懷著改變現況的希望，生活在這人口「淨流出」的城市中，了解未來世界的改變，透過一位全球科技界最重要的領導人物，來看台灣，甚至台東的未來。

台東，台灣人口最少的縣市，二十一萬縣民，全年所得的支配額，竟只有台北人一半，有「資格」參與人工智慧發展嗎？郭台銘，富比士身價六十三億美元，等於兩千億台幣，台東民眾對他可能充滿好奇。

郭台銘領軍的鴻海已是全球第二十五大的企業，二〇一八年營收高達六兆新台幣，等於是兩千億美元，也是地表上雇員人數前十大的民營企業，儘管近年極力精簡人力，二〇一八年仍有七十八萬名員工。

現在他要用過去四十五年的國際企業治理經驗，希望能夠注入國家大政。

剛走進會場的郭台銘顯得很興奮，因為演講之前，他到台東的第一站是拜訪「成功漁港」，我也從群組的照片中看見了他剛剛從漁市場拍購獲得一尾鬼頭刀，修長的魚身在他的手上閃耀。

全台灣最長、最美的海岸線，因為參選，郭台銘相隔二十年再來到台東，他上一次和元配林淑如女士到知本溫泉泡湯，後來全家每年利用假期度假，不管是峇里島還是夏威夷，都去了好幾次了，他心裡一直在想，為什麼沒有來過這片美麗的海岸度假？

「啊，因為台東沒有高爾夫球場！」原來郭台銘每一年都是利用過年，利用這連假四、五天全部打球運動，來抒緩一整年的壓力。

因為參選，他從「成功」出發，現代製造業的「成吉思汗」來到台灣東海岸，這是台灣面太平洋的另一面，婆娑之洋，美麗之島，這裡是歐洲貿易的「新藍海」，三百年前西班牙艦隊也是航經這個海岸，大聲的讚嘆：「福爾摩沙！」

因為參選，他必須先打破一般政治人物對「庶民經濟」的迷思。

過去經濟學談需求和供給、總體和個體，但科技進步不斷超越人們想像、不斷顛覆理論模型，科技的應用也讓法令快速失效、讓市場規則重新改寫，所以郭台銘認為現代的「經濟」，就是科技的「整合應用」。

「未來經濟的核心，在科技整合的競爭力。」郭台銘說。將來沒有庶民經濟，只有「科技含量」高的經濟，還有「科技含量」低的經濟，有「科技含量」的經濟，所產出「附加價值」就高，沒有科技含量，「附加價值」就低。

像許多地區的人民所得愈來愈低、工作發展愈來愈少，經濟成長走向「平庸」，很多政治人物把這種沒有出路的現象推到「庶民」經濟的一邊，郭台銘觀察大家都說要拚經濟，但是涵蓋面是不夠的，因為不管是總體或是個體經濟，真正的關鍵在創新的科技。

「我曾經把家擺在矽谷十一年，親眼看見科技對國家的重要性！」郭台銘觀察美國在九〇年代後成為世界超級強權，矽谷帶動的全球產業創新，從資訊技術的軟硬體，到各種硬體元件研發，美國開始主宰世界經濟。（見第九章）

遺憾的是，科技愈發達、經濟愈富足，貧富差距反而愈來愈大。不只是台灣，不只是歐洲、法國，還包括美國本身在內，郭台銘說，「這次中美貿易大戰的背後，也是貧富差距造成的問題！」

同樣是一套經濟理論，運用卻有高低，郭台銘體會到領導者的眼光不同、策略不同、執行力不同，國家和國家之間，階級與階級之間，城市和城市之間，一邊是愈來愈強、一邊是愈來愈弱，差距愈來愈大。

美國對外發動貿易戰背後（見第七章），也是解決國內經濟問題。美國平均所得看似全球最高，但是貧富懸殊問題卻益加對立衝突，郭台銘解釋，這就是「虛擬經濟」和「實體經濟」產生了極大的矛盾和失調。

所謂「虛擬經濟」，不只是網路通訊和軟體運算，郭台銘解釋，眼睛看到的、耳朵聽到的、鼻子聞到的、身體感覺到的、腦子裡想的，這些不一定佔有實體空間，就是「虛擬經濟」的範圍，自從「虛擬」實境（VR）和「擴增」實境（AR）科技演進，就愈來愈熱門；另外像是製造業的機器、廠房和農業的土地和收成，都是屬於「實體經濟」範圍。

郭台銘進一步解釋，過去三十年美國網路和軟體空前發達、領先全球，特別是西岸矽谷和東岸的華爾街金融，吸納了所有的人才，真正都做到「發大財」，但是中西部產業包括汽車和農業等，缺乏投資、缺乏人才，走向停滯甚至沒落，美國「中產階級」大量流失，甚至被形容成「鏽帶」（Rust Belt），反而成為全球化的輸家。

這些「鏽帶」州民卻是現任總統川普重要的支持者，所以川普競選前最重要的政見，就是喊出「讓美國再度偉大」，選舉得勝之後，更積極招商，不惜發動貿易戰，目的希望美國企業可以回流，更吸引外國企業到美國投資，重建「中產階級」。

過去美國政府不重視製造業等實體經濟，但現在不同了！過去美國的人工和服務成本，很難提供有競爭力的服務，但是人工智慧的崛起，改變所有行業，定義所有行業。

郭台銘說，這是全新的「虛實整合」，能夠創造更高的附加價值，鴻海製造服務的經驗，再結合美國擁有的人才，郭台銘對川普總統說，他有信心，把實體經濟和虛擬經濟整合起來，汽車、醫療生技和農業都已是超過了百年的產業，未來將產生全新的面貌。

在人工智能的協助之下，建立專業、善用資源，更公平的分配效能，全新的「中產階級」即將崛起。

郭台銘認為台灣在中美之間發展ＡＩ，有三大獨特優勢：

第一是台灣和中美都有長期「供應鏈」關係。

因為人工智慧是雙向、甚至多向的互動和流程，台灣同時和美國及中國這種長期建立的關係，已不只是互通有無、填補供應的關係，而是配合和效率，從上下整合到水平發展，台灣人既有西式管理作風，又有中式做人做事的底蘊，能夠加速ＡＩ發展。

「世界未來只有兩強。就是中國和美國！」郭台銘說，全世界要開G20（二十國）會議，各大洲看起來浩浩蕩蕩，其實只有中美兩個大國動向決定世界趨勢，偏偏美國開始視中國為「戰略競爭對手」，中國已將出現四億人口的中產階級。台灣半世紀來正好和兩國打交道，未來分區建立供應鏈，台灣和中美這種「長期關係」已進入了管理上、文化上的優勢，讓台灣跨入ＡＩ更加有利，帶動ＡＩ更多元的可能性。

第二是以「東亞」為核心的供應鏈再度崛起。

雖然新興國家如印尼、越南、印度等國家，已成為避開全球新關稅壁壘、新產業鏈的佈局首選，但是日本、韓國、台灣過去三十年打下的高科技基礎，例如半導體、精密機械和液晶技術，已經能夠主宰全球市場，更是人工智慧發展關鍵載具，未來的進步還會加快。

主要是景氣不明不佳時，如果看準方向，卻是大好投資機會。日本韓國和台灣已是產業投資佼佼者，又比新興國家的管理資金充裕，特別是某些高科技、具敏感性產品，新興國家的良率和產能一時無法追上，科技公司又被限制在中國之外生產，這時與中國距離只有「一臂之隔」的台灣，更是東亞供應鏈中首選。

第三是台灣從北到南有綿密的科技聚落。

因為準備參選，郭台銘還特別檢視台灣過去工業區的資料，這些都是他最熟悉的地名，特別是從桃園到中壢一帶，包括RCA和增你智等，都是過去全球級的客戶，鴻海就是幫他們代工起家，過去和全球市場連動的基礎，也讓郭台銘更有信心。

雖然不像美國中西部工業區「生鏽」了，但是這些工業區缺乏新一輪的投資，郭台銘認為只要地方政府把基礎，更有效率、包括美國和日本再引進最新技術和投資，就可以提供客戶更多服務，事實上AI將全方位和各行各業結合，所以「軟硬整合」才剛剛開始，只要台灣勇於改變，郭台銘認為「迎頭趕上」還來得及。

這也是台灣的AI未來，成為一個人工智慧島，迎向人類下一個大時代。但前提是台灣要先和平。

根據著名小說家白先勇製作的歷史記錄片「關鍵十六天：白崇禧將軍與二二八」中描

述，台東是全台灣在「二二八事件」中，唯一沒有任何人遭受槍斃的縣市，在兩岸大亂世之中，竟成為名副其實的「和平之鄉」。

包括白先勇的父親白崇禧將軍，努力在二二八衝突中盡力保護各族群生命，特別是在台東得到原住民領袖馬智禮協助，挺身保護非本省官員眷屬，堅持用和平手段解決紛爭，使得年輕人放下武器，贏得和平。

從第一線觀察，郭台銘敏感的發現「藍」、「綠」各種顏色問題，在台東根本不重要，也可以互相合作，像台東的農業局長本來是民進黨籍，但是才能受到地方肯定，也不分藍綠進入政府服務。

或許是因為原住民佔有人口百分之三十，台東更有包含泰雅族、阿美族、卑南族、賽德克族等部落居住，讓多元文化在台東深耕，不會刻意分別族群問題，加上各族群彼此尊重協調，這也讓郭台銘感動的說，這真是一塊包容的土地。

台灣有自己的優勢，讓有經驗、有執行力的領導者帶領，「尤其不能讓人因為經濟困境而發動戰爭。」郭台銘說。

後來多場演說，他一開始總是用同一地點的兩張不同時期照片，展開了他的演講。在一九〇〇年紐約第五大道上的交通堵塞為例，一部一部的馬車排滿了路面，當時汽車才發明不到十年，照片上只有一部汽車。

但是到了一九一三年，汽車已完全佔據了整個第五大道，只用了十三年的時間，運輸從獸力走向機械力，「馬車夫」雖然失業了，飼馬、打鐵的人都失業了，卻造就了更多的駕駛司機。更不用說各種的跑車、卡車和巴士的出現，工業革命深入了食衣住行。儘管法令想要保護，卻沒有人可以改變時代前進的事實。

一九〇〇年也是八國聯軍攻入北京的那一年，郭台銘總是在這一段畫面中提到，帝國主義就是憑峙船堅砲利，滿清末年、軍閥割據時代，可憐的還是老百姓，所以科技對國家主權重要，對「庶民」更重要。

這時畫面馬上跳到了兩千年之後風光明媚的美國亞利桑那州，一部一部無人車在街道上行駛，還有一部廂型車直接載送中學生上課，「我七年前就在亞利桑那試駕了一次Waymo了，」郭台銘說。

Waymo是谷歌的母公司投資，市值一度來到一千七百五十億美元，相當於五兆台幣，也是美國前三大車廠的市值總和，但是Waymo一部車也沒有做，簡報畫面上隨後也秀出紐約第五大道上二〇三五年佈滿人工智慧車的模擬畫面。

二〇三五年，離台灣二〇二〇年總統大選只剩十五年，第四次的「工業革命」將再度爆發。台灣的位置在哪裡？台灣的科技業在哪裡？台東又在哪裡？

在場台下觀眾當然不會知道，郭台銘在無人智能汽車的投資，從方向感測的元件到5G

應用，從美國的人工智慧到中國大陸小鵬汽車，早從二〇一〇年之後都有長遠的產業佈局。

不只鴻海，所有科技公司都摩拳擦掌，迎戰未來的十年、二十年、一百年，谷歌、蘋果、微軟、臉書、亞馬遜，他們打破了國界限制，靠著ＡＩ人工智能，繼續影響人類生活。（見第五章）

例如鴻海的最重要客戶之一，蘋果電腦，二〇一八年一年的營業額是兩千億美元，光是淨利，就達到五百億美元，連續四年榮登全世界最會賺進現金的公司，二〇一八年四月時市值更高達一兆美元，等於是台灣所有上市公司的市值，也相當於台灣全年生產毛額ＧＤＰ的四倍之多。

蘋果等能夠賺進這麼多錢的背後推手，就是鴻海，二〇一九年富比士雜誌也列名郭台銘以六十三億美元排名台灣首富。不過這些大家都已經知道，現在，鴻海的領導人要如何幫台灣「發大財」？乃至於台東發大財呢？

郭台銘已經開始探索答案。台東過去百年歷史，有過各種黨派的縣長和立法委員，台灣也經過兩次政黨輪替，台東依舊是全台平均收入最低的區域（台東縣長濱鄉，平均每戶所得僅五十八萬四千元），也是人均壽命最低的城市。

讓台東發大財，這個答案可能比台灣經濟的處方還難。這或許也是這名年輕媽媽想來聽的原因，一面安撫她的女兒，一面聆聽郭董的想法。

「好山好水，一天工作四小時！」郭台銘說。有了ＡＩ產業發展，在台東這樣的生活是有可能的，如果從科技協助人類未來的生活，保護永續生態，甚至進一步利用當地的環境、資源和人才，創造更多的價值和幸福，也才能證明科技和政治、ＡＩ對生活的價值。

年輕的軟體工程師、程式設計師和不同領域的創意工作者，他們一面在沙灘上討論計劃，有的抱起衝浪板往海岸線去，郭台銘已經開始想像這樣畫面，「他們的腎上腺激素本來就很強，他們喜歡衝浪！」郭台銘興奮的說，不用把他們綁在工廠和辦公室裡，反而更有創意！

很難想像，「好山好水，一天工作四小時」出自

郭台銘過去四十五年接觸過各種國際頂尖科技人才，了解數位時代的工作型態和成長，同樣是在太平洋彼岸北加州金門灣口，郭台銘回憶，曾經有一家科技公司就叫做「舊金山」，專注於網路系統發展，這家公司快速茁壯，結果市政府說，「嘿，你可能要改個名字，以免造成太多誤會！」所以這家公司決定把名字切一半，也就是現在美國最大的網路公司「思科系統」。

同樣面對太平洋，就應該擁有寬廣如同大海的夢想，台東一定要走向知識經濟，而不是唱和「庶民經濟」，按照郭台銘的思路，台東如果再走「小確幸」的庶民經濟就完蛋了！

台灣需要翻轉，台東更需要，聽來像天方夜談，這是他選擇走出企業的挑戰。

面對台東，面對大海，郭台銘無所畏懼。

郭台銘到花東三天，雖被人潮和歡呼聲淹沒，但他內心冷靜的觀察和傾聽，即使在成功漁港，一直在想著「冷鏈物流」如何運送漁獲，再用大數據協助漁民更有效的掌漁場的維護和氣變化；像他在花蓮農家也想著8K如何記錄植物變化和育種過程，讓採收和預測更加準確。

他仍像那位每天平均工作十四小時的企業家，他不是來接受讚美、不是來政治造勢、更不是來下鄉「取暖」，反而和當地的年輕人和產業領袖，反覆討論四個發展面向：

第一是以永續發展和國際接軌。

台東空氣和海洋品質，造就全台灣最低的癌症率，郭台銘認為這是台東獨特的優勢，也是健康的招牌見證，平均每平方公里的人口最少，這也是一種生活品質，更不應被一時經濟發展所犧牲，也是吸引優秀人才到台東的重要原因，加上百年來養生溫泉打造出的國際形象，所有的投資和規劃，也應該圍繞著健康的主軸來進行。

「我的健康是一，後面財產是0。」郭台銘的人生從五十歲陸續經過了親人病痛磨難，更加體會健康和永續環境重要性。但環境永續保護，不是拒絕精進的藉口，人類既然已存在，命運相連，誠如日本有名的「里山宣言」，找出大自然和人類共存之道，讓人文和天文、水文，進入共生循環，從基本的教育和社會醫療照顧，原住民文化保存和重建，找出永續循環的制高點，而不是任憑財團開發、或是毫無作為，淪為「荒土」。

第二是知識型的產業規劃。

事實上郭台銘心中想的，是像美國兩大生技聚落加州的聖地牙哥和佛羅里達州的羅德岱堡，這兩大生技聚落都靠海洋，說明了大自然環境和前瞻醫藥研究是可以結合成生活的風格，生技又是高價值產業，人才聚集帶動更高的消費品質，台東未來十年正可以往生技佈局。

從永續和健康出發，郭台銘過去十年投資佈局的生醫產業正好可以貢獻力量，適合生活、適合研究、適合開會和休憩，台東也很適合所有的軟體行業，加上5G來臨，大數據通訊更加便利，台東只要往生技和軟體產業去走，知識經濟結合原有的觀光產業，一定可以吸引更多國際投資和發展計劃。

第三是自主法令的鬆綁。

郭台銘也拜會了地方官台東縣長饒慶玲。郭台銘坦承向縣長表示，台灣全島需要建設的地方太多，加上台東人口又少，領導人很難把資源優先拿來台東建設，但是如果他當總統，一定會鬆綁目前的法令，讓當地的人才可以發揮，吸引更多投資，甚至發行地方政府自己的公債，政府一定會全力支持籌措財源。

事實上大數據和虛擬貨幣的時代來臨，郭台銘很清楚，以台東「好山好水」的條件，甚至都可以和財務科技公司一起合作，從交通建設到國際會議中心的投資，打造休閒和觀光的軟硬體實力。數位化資產和實體環境也可以產生連結，活絡當地的經濟，讓台東也有能力和亞洲其他國家競爭。

第四是打造未來人才培育的平台。

人工智慧將帶來教育的改革，台灣東部交便較為不便，卻是適合研究、訓練和讀書的地方，郭台銘認為，台灣ＡＩ教育如果可以成功，為台灣帶來全新的開始，有了高附加價值的產業之後，人才的培育也可以銜接，專業人才是中產階級的核心，進一步吸引更多國際人才來到台東定居發展。

另外還有一種人才對台東很重要，就是創新的「企業人才」。郭台銘在台東不忘和當地中小企業主開會，雖然彼此的規模差距有好幾個「０」，但是郭台銘諄諄的提醒，企業領導人之間的橫向交流很重要，特別是知識經濟時代，沒有行業能夠關起門來賺錢，特別是ＡＩ轉型時代來臨，彼此的交流很重要。

這也是為什麼郭台銘不想在家裡聽意見、寫論述，他直接到當地交流，在和台東中小企業家的座談會上，有一位原住民朋友他本來立志要做「原住民裡的郭台銘」，但是郭台銘開始從政，不從政的他很失落，郭台銘馬上回答他說，「沒關係，我很快培養第二個郭台銘出來。」

富足安樂的台東，將吸引更多的「中產階級」來到這裡。如同帶著小孩來聆聽演講的年輕母親，眉頭有了更多的自信和喜悅，否則她不會要小朋友把紙筆準備好，如果有機會向郭台銘索取簽名，她也和後方的男士交談，應該是她的先生，帶著另一個男孩，原來他們全家都動員了！

事實上郭台銘開始下鄉之旅前，先和許多國內一流學者官員交換意見，但是郭台銘認為，要找出台灣的問題，進一步改變台灣，唯有參與，才有辦法去了解，而不是坐在會議室裡就可以解決，找到答案。

「智慧，從工作中產生！」這是郭台銘治理企業大軍的真言，面對瞬息萬變的商場，也一樣適用政治領域中，郭台銘做為政治「新鮮人」，就像初學者下水游泳，永遠沒有辦法看著「教科書」來學游泳。

即使還是國民黨內的初選，還沒有開始正式競選總統，但是既然決定開始走向群眾，他決定最偏遠的縣市也要前往交流。

前進台東，「和平」的一站，多元文化，包容發展，台東和台北很近，和世界更近，隔著太平洋，台東和聖地牙哥和邁阿密的海洋相連。

智慧科技島的東海岸，已可以感受到「和平之道」。

第二章：智能國防

美國願意和台灣分享共同的價值和安全，台灣的產業跟得上嗎？台灣最大的優勢，就是僅次於日韓的科技零組件和半導體生產，不像印尼只用買戰機來平衡逆差。

關於國防的看法，從二〇一九年四月十五日開始說起更清楚。

那天郭台銘參加「台美根基與未來展望」座談會，由美國在台協會（AIT）和美國社區廣播電台（ICRT）合辦，紀念「台灣關係法」（TRA）四十年，郭台銘一入座即吸引媒體眾人目光，接受訪問時則說：「美國人就是拿舊的武器騙我們。」台灣每年向美國買數百億美元武器，外界都知道，從審計部的資料，二〇一六年國防部對美軍購預算為五百八十二億餘元，二〇一七年度為四百二十七億餘元台幣、二〇一八年也有四百六十億台幣。

看見這新聞時，由於我沒在場，但第一反應是「難道鴻海要跨入軍火行業或航太航業」？

長期跑鴻海的記者都必須具備一種敏感，就是郭台銘會不會跨進「新市場」。鴻海三十年來業績都以兩位數成長，毫無懈怠的擴張再擴張，靠著速度和佈局推出新產品，從個人電腦到手機，從手機再到電信公司和電動車等。

靠著這種「成長性」，鴻海成為最佳的投資標的之一。而美國有兩大傲視全球的工業，一是「好萊塢」，一是「軍火產業」，都是科技產業重要的驅動力，好萊塢當然不用說，產業化和創新的程度無人能及，至於軍火行業中，全球前十大的軍火公司，美國就佔了六家之多，包括賣給台灣F16的洛克希德公司。

郭台銘「有意見」，很可能代表他開始對這產業有興趣，或是從一個科技人的角度，他知道如何購買，能讓企業獲利，美國軍火商也能滿意。

但「舊武器」的說法，意指美國「騙人」，同時，也有台灣人「被騙」，更代表郭台銘自己很有信心不會「被騙」；國與國之間的爾與我詐，比商場不遑多讓，都是為自己人民爭取利益，美國「騙人」的目的，只是為了賺台灣人的錢嗎？

台灣如果「被騙」，除了損失金錢之外，還會有哪些重大影響？

「這麼多年來有哪個國家是國防靠美國，最後得以安全脫身？」郭台銘當時反問媒體，並重申他在FB上發文的「國防靠和平」。

舉行「台灣關係法四十年座談會」的五天之前，郭台銘提出「國防靠和平，技術靠研發，市場靠競爭，命運靠自己」的主張（見FB）。那時他也還未宣佈參選國民黨總統候選人初選，針對高雄市長韓國瑜訪問美國時，發表「國防靠美國，市場靠大陸，技術靠日本，命運靠自己」的講法回應。

郭台銘認為，國防不能靠別人，經濟更不能靠別人，經濟和技術要靠自己創新，才能創造國家的未來。

過去採訪，應該說大部分時間「追逐」郭台銘，除了股東會後，就是在工廠落成完工。郭台銘很少出現在研討會上，加入這種「口舌之爭」，後來包括連國家最高領導人蔡英文總統也認為郭台銘的說法應顛倒，改成「和平靠國防」。

如果純就「生意」來看，軍火的確是美國賺錢的好生意。全球軍火行業未來三年營收仍呈上升趨勢也愈來愈熱門。像排名第一的洛克希德，營業額達四百億美元，排名第十的大陸八一軍工集團，營業額也有一百億美元，等於三千億台幣。

德國由於是二次大戰戰敗國，所以發展武器工業受到限制。包括蘇俄和法國幻象集團，都是全球軍火供應者，有趣的是日本，二戰前製作零式戰鬥機引擎聞名的三菱重工，竟然也排名前二十。

二〇一九年四月，一架全球最先進的隱匿式戰鬥機F35，在日本海域失事，這架最先進的戰鬥機已經在日本的三菱重工生產線組裝，原來軍火行業現也像最先進的手機產業，納入全球供應鏈的一環，美國准許而且信任全球各種先進零組件來到日本，再由三菱擔任最後組裝。

F35的失事引起轟動，不但因為最先進武器發生意外，也引來蘇俄和中共競相打撈，想要從飛機殘骸中破解最新的國防科技，說明了武器競賽的背後，還是科技的投入，各種科技研發，也是軍火產業的研發基礎。

根據美方統計資料，沙烏地阿拉伯是美國最大客戶，其次是印度和埃及，日本的F35組裝線是否為國外客戶所需不得而知，台灣排名還在第十，也算是重要客戶，我國的國防戰力其實在全世界排名並不算是後段班，本來的基礎就不差，從坦克車到飛彈，過去美台兩方靠著「軍購」的確累積了深厚的關係。

這應該不是鴻海要賺的錢，郭台銘為何在此時「擋人財路」？

「我已經聞到戰爭的氣息，」郭台銘肯定的說。愈來愈多中共飛機靠近海峽中線的新聞，美國也批准台灣愈來愈多武器清單，台灣儼然急追中東國家，加上台灣政府部長官員訪美時，華府提到台灣不時強調「前線」，郭台銘看見現任台灣領導人正引導著台灣「選邊站」，自願當某一方的車前卒，讓台灣在大國角力中「被前線化」。

特別是可能引發戰爭的衝突或擦撞，任何擦槍走火的可能性，能避免就避免，因為台灣海峽上空，「連中國大陸領導人習近平也管不到飛行員！」郭台銘就說，所以更何況執政黨政府不是避免，是挑釁，還有院長說拿掃把來拚。

「兵者，國之大事，死生之地，存亡之道，不可不察也。」郭台銘FB上直接引用「孫子兵法」。用大白話講就是「不要把國家帶到懸崖邊」，並進一步分析，如果總統置國人於死生之地，「然後再用更多的軍購，告訴大家我們的處境很和平，台灣很安全，這樣的謀略合理嗎？」

戰爭，是軍火商去化庫存的要素，郭台銘展現他的產業敏感，強調台灣生存發展的核心基礎，是「和平與安定」，因為「沒有父母希望送小孩上戰場」！

「軍購問題」當然不只是金錢交易，還象徵中華民國和美國站在同一條陣線上，有高度「政治象徵」意義，問題是，連土耳其都能一面買蘇俄的S400飛彈，一面用美國的F15，台灣對軍購交易還停留在上一世紀很深的「依賴情結」。

時代不斷進步，主客觀環境一直改變，不只是一般政治人物，連郭台銘都感受到了。

第一，當然是戰爭新型態一直在改變。

從過去的登陸戰、焦土戰等，到現在決戰境外、資訊通信戰、甚至太空戰等，這也引發郭台銘對「舊武器」的敏感度，台灣不需要星盤盧列飛機大砲的軍備競賽，台灣才不會「被前線化」，也才能擔任區域穩定的關鍵者，不會變成觸動兩大國軍事敏感神經的麻煩製造者。

過去大國軍力競爭講的是誰有多少長程飛彈、誰有多少核子彈頭。但在許多專家眼中，今天大國的競爭，講的是誰擁有最強的「網路安全」（Cybersecurity），矽谷的投資家更預言，未來國與國之間的較勁，從　兵軍力表演，將轉變成數據中心的規模競爭！

第二，是中共預算也愈來愈高，國力愈來愈強。美國是全球國防預算最高國家，大約是二十兆台幣，其次就是中國，二〇一八年不包含國防科研經費、武器銷售收益，中國大約是五兆五千億台幣，年增幅度百分之八・一，台灣則是三千三百億台幣。光是中國軍費就約為我方的十五倍。

特別是大陸資訊戰的能力，下一步的國防競賽，則是應用人工智能，來加強國家防衛能力。人工智能在國土安全以及戰力競爭裡所扮演的角色，是一個最重要的新趨勢，誰的網路漏洞少，誰的國防就是最強的。

第三，反而是台灣的財政基礎一直下滑，地方上各種建設及全民社會保險的支出一再削減，卻向美國提出不同的採購清單，這就不用贅言了，這片土地的人民都應該理性務實的認清國家定位與能力，郭台銘心中的戰略目標是：「不應該再為買而買擴大軍購，陷入不屬於我們的軍備競賽。」

但我認為對美軍購外在環境最大的改變，就是「美台商會」主席從二〇一六年換人了！「美台商會」這半官方性質的組織，是台灣軍購最重要的單位，根據維基百科全書記載，包括二〇〇八年台灣的副國防部長首度前往美國，就是接受美台商會邀請，美台商會主席是美國前國防部副部長，說明了台灣和美國的商務，本來就是以國防產品為主。

但是二〇一六年美台商會新任主席，卻換成了台灣科技界的老朋友邁可·史普林特，一般人對他不熟，他卻做過台積電的獨立董事，也曾是全球最大設備商應用材料的董事長，美台商會的主席從國防相關變成了高科技，更說明美國老大哥對於台灣未來做生意的看法。

台灣每年和國外購買大約四千五百億台幣的半導體設備，其中日本最多，佔了快三分之一，美國反而排名第二，大約是四十四億美元，等於是一千兩百億台幣，而且幾乎完全是民間自己的錢，不用花到政府納稅人的錢。

美國如果賣半導體設備的金額，竟比軍火好賣，何樂不為？畢竟全世界能向美國買軍火的國家太多了，能買半導體設備的還真不多！

這可能是台美商會主席換人的原因，象徵另一個時代的結束，台灣應該慶幸，迎接一個新時代的開始。

從金額上來看，台灣也並不是美國軍火產業的「好客戶」：一方面金額比不上中東國家和日本，一方面台灣既不可能向中國主動開火，只能防禦，「消耗量」少又缺乏「成長性」；而且，美國每一次對台軍售，還會破壞美國和中國更大的利益和關係。

如同二〇一九年初，《時代雜誌》引述三名匿名美國官員的說法，關於川普政府向台灣出售F16V傳出暫停的消息，主要原因就是美國希望先達成「美中貿易協議」後，再行美國和台灣的後續研議，但也有親台的白宮官員擔憂，中美還是有貿易協議的壓力，怕傷及自己，隨時都會有新的姿態出現。

台灣軍售最終還是要看中美雙方臉色，這也是為什麼郭台銘強調，徒有「軍購」的國防難以自恃，台灣無法主導左右全局的情況下，更要慎重思考人民福祉。傳統台灣政治人物，以為美國政府很愛賣武器給台灣，國際情勢權衡大小，高科技帶動的市場快速變化，但是郭台銘這五年觀察到了，美國主流的看法更有共識。

又是一個「難怪」：郭台銘除了敢進一步在美國人的「場子」指責台灣立法委員、不敢面對他的問題，甚至敢在美國人的場子裡，埋怨美國武器太舊，還表示當天晚上將和來台訪問的前美國眾議院議長保羅．萊恩（Paul Ryan）提這件事，他認為，台灣不應該跟美國買武器，而是應該拿錢去美國投資，換成高科技回來！

郭台銘雖然很「勇」，敢出來選總統、搞政治，但絕對不是「有勇無謀」之人，從美國利益的角度上來看，反而可能是「政治正確」。台灣的立法委員做夢也沒想到，會在美國老闆的場子被郭台銘凶了一頓，郭台銘還要去當面告狀，說明台灣官員有很大的空間，來檢討什麼是符合台美雙方真正利益的交易。

保羅萊恩何許人也，代表美國政府慶賀「台灣關係法四十年」。他曾是威斯康辛州選出的共和黨議員，歐巴馬入主白宮時他擔任眾議會議長，等於是美國第三號政治人物，也被認為是共和黨的明日之星，郭台銘進白宮接受川普表揚時，萊恩就站在川普的左後方微笑。

除了「台灣關係法」立法四十週年，也是美國在台協會成立滿四十年，中華民國總統蔡英文在四月十五日接見前議長萊恩，萊恩表示，雙方有很多共享的價值，在貿易與安全領域，未來台美還可進一步發展。蔡英文總統也分享美國四大科技巨頭Facebook、Amazon、Microsoft、Google在台灣的投資和發展。

當美國在台協會公佈了慶賀團名單，媒體解讀與其叫「慶賀團」，不如叫「貿易團」。

因為名單中包括現任副助理國務卿米德偉（David Meale），他正是負責國務院中經濟與商業事務局，慶祝台灣關係法四十週年的系列活動，其實也是美台「貿易與投資月」，政治終究要有「經濟」任務。

對美國來說，何嘗不想賣「新武器」給台灣？但是，台灣又能買多少呢？更進一步說，台灣用「新武器」有什麼效益嗎？所以，美國也只能繼續賣「舊武器」來滿足台灣政客。「美國人賣武器」從某個角度來看，郭台銘點出了大家不願正視的事實。其實武器只要好用適用合用，也不用分什麼「新」、「舊」，重要的是用什麼心態來建立國防？是窮兵黷武來追求個人政治目的，還是厚植實力來追求和平？

台灣軍火生意，不一定是美國優先利益，雖然對軍火產業不無小補，但也發不了什麼大財，還不如賣美國牛肉或是農產品，能夠照顧農民或是中西部產業的比較實際。難怪郭台銘會在高雄市長韓國瑜訪美提出「國防靠美國」跳出來「善意提醒」，並認為應該是「國防靠和平」才對。

郭台銘認為，為政者絕對不能主動以軍事、甚至是邁向戰爭的下策，去設定國家安全方針，用這種思維來看台海和平，無異帶領台灣自陷險境。郭台銘也進一步澄清，他認為軍購一定要進行，但是錢要花在刀口上，不要「為買而買」，所以他並不主張進一步擴大對美軍購。

台灣的安全，就是不捲入「大國角力」漩渦，從這個角度來看，對美國買武器是一種「不切實際」的依賴，反之，對中國則是一種「真實不假」的挑釁！不捲入軍事對抗，中華民國才能排除戰爭風險，人民才有真正的和平與安全。

過去美國對台軍購的核准，甚至擴大，對於政府來說是一劑「強心針」，但郭台銘認為這種策略面對新型態總體戰爭不管用了，因為不但嚇不了中共，還削弱自己力量。

就像美國決定科技「封鎖」中國，主張美國智財保護權力，也反對政府的補貼，對美國自己來說也是一種相對利益的抉擇，到底賺中國的低廉人力有利，還是保護科技領先重要？對於川普來說，這個算計更加簡單，賣尖端台灣軍售賺的錢多，還是賣源源不斷、能創造價值的尖端科技產品，能夠促進美國經濟？

從二月十二日川普簽署「維護人工智慧領導定位」的行政命令，給予執行機關保護各種人工智慧科技的權力，透露貿易戰背後其實是人工智慧、5G的戰爭，郭台銘清楚記得行政命令中寫到，美國如果在人工智慧上不能領導世界，「美國將喪失優勢。」

川普更在後來談話中一直強調科技領先優勢，不容競爭者的侵犯和挑戰，「連靠近都不行！」

如果這不是霸氣，什麼才是霸氣？連房地產起家的川普，都了解5G、科技對於國家領導及安全的重要性，難怪郭台銘在威斯康辛設廠，川普盛讚他是「最偉大的商人」，即使中北部威斯康辛因為容易下雪，一年工期只有六個月，造成工程遲延，招工緩慢，川普還是力挺到底，強調郭台銘未來的8K液晶面板廠會是「世界第八大奇景」。

事實上當美國願意賣「新武器」給台灣時，反而是台灣最要小心的時刻。六月六日，美國行政部門宣佈已經把台灣購買M1A1戰車的清單送國會批准，M1A1是陸地作戰最靈活的裝甲車，這就是郭台銘憂心的，一旦坦克車開到淡水河口，大家該做何想法？還能這樣運作嗎？

為了打造「國防」，用越多「為買而買」的軍事採購，只會越升高中美之間以及兩岸之間的敵對態勢，甚至趨向戰爭；他也再度引用孫子兵法的「上兵伐謀，其次伐交，其次伐兵，其下攻城」。

意思是「下等」的作戰方式，才是犧牲性命去換取城池，帶來戰爭的生靈塗炭。才德兼備的為政者，以思想謀略和外交手段為先，化干戈為玉帛。

問題是郭台銘的「謀」是什麼？

誠如前述，因應現代戰爭型態截然不同的改變，及台灣特有的資源條件和限制，郭台銘認為台灣要打造「國防」，一方面除了購買必要防備武器，一方面更應該要從擴大對美國與其他先進國家的「戰略技術投資」。

所謂「戰略技術投資」，要先定義什麼是「戰略技術」：像是航太、通訊、能源等，牽涉到國家安全防衛系統，都可能被視為「戰略」一環，美國為了強化通訊5G規格的技術領先地位，並且防範技術流出，所以要求美國研發的5G技術和產品，不准出貨如中國華為等公司。

就在川普簽署《維護美國人工智能領導地位的行政命令》一天後，美國國防部在其網站發佈了《二〇一八國防部人工智能戰略概要》（以下簡稱《戰略》）。著重強調了發展人工智能的重要意義。

人工智能，讓5G成為「戰略技術」，用在「民生」，經過了無數次的試驗創新，使用在像是無人汽車、無人飛機等；若用在「軍用」，從發射基地、畫面通訊、接收晶片等，都會用5G晶片相關產品，而這些晶片和感測元件，又要用到碳纖材料、工具機、化學原料、半導體機台設備等等，形成了一個戰略技術的「供應鏈」。

現今科技零件和半導體，已是「國防」的一環。而供應鏈既可以「民用」，也可以「軍用」，這是台灣最好的技術投資標的，也呼應了郭台銘認為，如果把每年的軍購費用，有計劃的轉成「戰略技術投資」，不僅可讓我國自主國防研發能力提升，更能因技術的提升，讓台灣融入中美之間的「尖端科技」經濟鏈！

寧願把買武器的錢，拿來買5G專利技術、買半導體機台，這樣可行嗎？台灣和美國高科技產業更多合作和投資，也是台灣企業家向美國政府代表想要溝通的內容，錢進美國，但不是買一些舊武器，這相對於永無止境的軍備競賽，當然更能促進中華民國的國家安全、經濟與未來。

對於許多老百姓來說，對美「軍購」就是交「保護費」的一環，但軍購不但是國家利益的一環，更是貿易經濟的平衡，像印尼也宣佈為了平衡未來和美國的貿易逆差，考慮購買F16V戰機；而川普訪日最大的禮物，則是日本購買了一百架F35戰鬥機，來平衡雙方巨大貿易逆差。

台灣最大的優勢，就是僅次於日韓的半導體生產能力，和零組件的研發，絕對不在軍事採購的深度和廣度，所以郭台銘才會用擅長的跨國企業競爭戰略，提出美中對抗之中「交保護費」的劣勢，轉成拿來投資先進技術和買半導體機台，不像印尼只用買戰機來平衡逆差。資訊戰、人工智能，才是未來國防的核心，也是台灣可以化「劣勢」為「優勢」的大好機會。

郭台銘眼中的國防，是以「和平」為本，不介入角力，不當車前卒，一切以自主防衛為目標。有了這個基本目標，再來發展研發體系、全球合作架構、區域預警架構、人力資源體系、採購供應鏈體系，就能夠進入「智能國防」的階段。

不過我認為，郭台銘這樣的策略最大的挑戰，就是台灣本身政府觀念、心態問題。

第一項挑戰，是要把國防部的定位變成「和平總指揮部」，而且國防部要懂得什麼是尖端科技，不只是軍人對和平有責任，還有科學家和研究者，把中華民國的命運掌握在自己的手上，這也是郭台銘強調的，國防自主研發必須是務實、有效、能用的「真研發」，才能真正完善自主國防。

第二項挑戰，是國防經費的政府預算，轉變為「有競爭力」的研發及採購支出，等於是國防部、開發基金和科技部要互相協調，以免「被騙」了，而尖端技術在台灣落地生根時，科技部和經濟部、財政部又要互相協調，讓產業繼續發展。

最後，面對人工智慧的新興科技，國防部、經濟部又要動員內政部、勞動部、交通部等等，從這個角度來看，總統不但要關心軍購，更要勇於發言，因為，總統就是「三軍統帥」，國防、外交都是總統最重要的任務。

如果真的想提升台灣科技，乾脆出來選總統。中華民國總統拚國防、外交之際，也能讓台灣科技實力提升，也就是「經濟實力」、更是維持「和平」的能力，才能漸漸成形。

第三章：三贏才贏

當我檢視德國、韓國、日本元首，帶領著許多國際企業家隨行，名單中還夾雜著「數位革命委員會主委」、「經濟及數位化部長」時，不禁讚嘆國外政府組織對經濟配合的敏感度，不知台灣從科技部到工研院、資策會，如何建議總統，用更高的視野對外交流，做到起碼的「政治為經濟」服務？

如果對美國的利益，沒有超過一百億美元以上價值，我認為川普根本不可能第三次再接見郭台銘。

第一次見面，因為郭台銘承諾投資一百億美元，那是川普上任半年來最大投資案，包括副總統、眾議會議長、州長一字在白宮東廳排開，為郭台銘一人鼓掌，少有華人企業家能得這樣榮耀，台灣中央通訊社用「企業第一人」形容。

這可能比當選中華民國總統還要風光，第十四任總統蔡英文就職後，川普最多和台北總統府通了越洋電話，就被視為外交重要勝利突破，兩年之後來看，原來是美國對中國準備強硬、態度大轉的訊號，中華民國總統負責配角台詞。

精明不過的川普再見郭台銘，是威斯康辛州投資案的動土典禮上，為了證明投資如火如荼，也是為了選舉。就像川普當選時曾和蔡英文通電話，之後就再也沒「聯絡」了，當四月十七日郭台銘宣佈參選後飛往美國，所有媒體只關心兩件事，一是否真的見到了川普，二是川普是否支持他競選總統。

很少有一位亞洲企業領袖，兩年內面見了三次美國總統，全世界最有權勢的人。我更好奇兩人見面到底談了什麼，川普很忙，不可能去監督投資進度，甚至還去關心感謝郭台銘。

從二〇一七年以來，許多產業界人士也一直期盼，中華民國總統應該「接見」郭台銘，聆聽他的想法。

一方面鼓勵「企業第一人」對美關係的貢獻，以民間身分突破政府所做不到的事，更重要的是，一方面藉由郭台銘和美國新政府深度合作，了解全球政經情勢的看法和變化，一起團結合作，進一步為台灣人民尋求經濟上的出路，我一直覺得，總統應該比我還要關心「兩人見面到底談了什麼」。

宣稱「謙卑再謙卑」的總統，還是讓人失望了。看見了國外的政治領袖，如何關心經濟問題，如何和企業一起合作（見第七章），人民心裡有數，郭台銘也有數、也很忙，現在看來，郭台銘第一次投資美國，原來是企業對於巨變前夕的佈局和準備。

「我前天就回來了！」郭台銘拿著印有美國和中華民國的帽子，週一早上八點開始一面和幕僚一起討論美國兩千五百億美元產品增稅後的台灣應對策略。即使孤軍奮戰，他努力的讓川普了解，台灣可以肩負研發和硬體零件供應的使命。在中美貿易大戰之中，智能科技不但能為雙方帶來繁榮，還能帶來和平。

從二〇〇五年到二〇一八年德國總理梅克爾十一次訪問中國，帶領超過兩百位企業家隨行，從消費用品、工業製造到生技醫藥企業，讓雙方貿易更加接近通暢。

二〇一七年大陸領導人習近平訪問英國，則帶了一百五十位企業家，更不要說二〇一八年日本首相安倍晉三到北京出席「中日和平友好條約締結四十週年」紀念活動，帶了五百位日本企業家參與！

二〇一八年九月，韓國總統文在寅到過去兩年進行核爆試驗、造成東亞情勢動盪的北韓出席高峰會，帶了三星電子少東李在鎔、SK集團會長崔泰源、LG集團會長具光謨、現代集團會長玄貞恩這南韓四大企業首腦，外加浦項製鐵會長崔正友、韓國產業銀行行長李東傑等，另外，還有總統府青瓦台直屬的「第四次工業革命委員會」委員長蔣柄圭，也在特別隨行人員名單裡。

韓國科技產業結構和台灣相似，這是韓國為了拚政治安定和平所擺出的陣容。不要說強國大國彼此交流，二〇一九年四月，連遠在歐洲人口八百七十萬的奧地利，總統范德貝倫（Alexander van der Bellen）和總理庫爾茨（Sebastian Kurz）破天荒首次同時出訪中國，隨行的商會主席及企業家高達一百七十人，加上農林環境與水利部長、經濟及數位化部長等，整個外交團共約兩百五十人。

因為注意產業動態，當我檢視這些德國、韓國、日本元首帶領的國際企業家名單中，夾雜著「數位革命委員會」、「經濟及數位化部長」時，不禁讚嘆國外政府組織對經濟配合的敏感度，不知台灣從科技部到工研院，中華民國總統何時用更高的視野對外交流，更靈活的創造合作機會，做到起碼的「政治為經濟」服務？

以元首之尊帶著大批企業家隨行，不但實際了解第一線的經濟需求，不只是紙上談兵簽回來的條約，或是「行禮如儀」的場面話而已，科技和市場變化太快，各國元首都更加謙虛，使用納稅人的錢，至少做到關鍵人物的交流平台，否則很快會被時代淘汰。郭台銘強調「政治要幫經濟服務」。經濟會讓政治更有實力。

「有一次我和一位官員談到國際貿易的協定，雙方正深入交換意見時，他突然和我說對不起，我要先出門到機場去接立法委員！」郭台銘感慨的說，國家一流的外交菁英人才，都在應付政治和接送交通，完全沒有意識到全球市場變化，如何一起團結合作，這樣的政府相當危險。

科技造成的時代巨變，卻是台灣企業翻轉命運的機會。

「現在是第三次的數位革命！」如同台積電創辦人張忠謀就指出，人工智慧和大數據，將帶來往後的二十五年各種改變，但貧富差距可能擴大，台灣一定要從教育開始做全面的改革。

以個人電腦為主的第一次數位革命，美國ＩＢＭ為首，台灣則造就了宏基、華碩、廣達等世界級企業；第二次的數位革命以行動網路為主，讓台積電、鴻海、大立光稱霸全球，也累積實力，迎向第三次數位革命。

台灣和全球市場連動快速，郭台銘認為台灣已有足夠條件，搶得ＡＩ下一步發展實踐的領頭羊。

第一是產業條件。台灣像德國、日本一樣有許多供應全球大企業的「隱型冠軍」優質中小企業，在南北不到兩百公里的地帶之內聚集，交通方便，人員溝通往來快速，「在美國，兩家不同公司要當面研究溝通，常常要開車兩小時！」郭台銘說。

第二是市場條件。台灣的人口密度高，兩千三百萬人擠在這個海島上，由於一定的經濟能力和教育程度，讓各種品牌的智慧手機都能找到市場，台灣人也使用得最多，讓數據和影音功能可以發揮，特別是５Ｇ各種應用，具有相當的代表性，可做為更大規模市場行銷參考。

第三是成本結構。台灣的生產一向以快、穩、廉著稱，如上述的市場條件，只有日本、韓國、新加坡等國家可比擬，如果高度整合，台灣可以讓成本大幅降低，郭台銘也舉「新藥」（New Drug）的臨床試驗為例，台灣有著東方人特色，加上生醫人才就近支援，現已是全球新藥進入華人市場最佳的臨床平台，另外成功的範例像是高速公路ＥＴＣ、城市交通YouBike等，都是很容易看見的生活實際試驗。

有了三大ＡＩ發展條件，但是台灣必須在２Ｇ主宰的全球安全及發展體系中，找到自己的關建位置。

儘管美國總統川普政策充滿爭議，美國仍是第一Ｇ，光看二〇一九年四月他讓美國失業率降到百分之三．六，為一九六九年十二月以來最低水準，等於是四十年最佳紀錄，加上對大陸的強硬立場，反對黨也支持，許多科技公司領導人對他的移民政策雖不認同，但已使美國確認世界領導地位。

在美國追求偉大的同時，「第2G」中國仍舊會崛起。史丹福大學經濟博士、香港中文大學教授劉遵義就觀察，中國其實對美國的出口一直在逐年下降，他更進一步指出，二〇一九年開始美國全力防堵，但是中國GDP仍能保持6以上！

劉遵義透過大數據分析，中國充滿多樣性和活力的經濟體系，將有效抵銷零組件禁運影響，即使是出口佔生產總值最重的廣東、深圳，影響也在可控範圍內，劉遵義認為中國華為撐得過去。別忘了中國還有小米和oppo等企業，都已在中國境外設廠，印度、馬來西亞、印尼等，所以任何看壞悲觀中國的想法，都有可能是誤導的言論。

美國不放棄領導霸權，但中國來勢洶洶，哈佛大學教授艾利森總結近五百年歷史的全球經驗，曾有十六次國家崛起，撼動到既有的強權，從德國到法國、日本挑戰蘇俄及中國，其中有十二次導致了戰爭，所以艾利森提出「修昔底德陷阱」，描述這種強權互動、極為可能出現七成五的機率將導致戰爭。

這一次顯然是中國威脅到美國。兩大強權真的終不免一戰？還是終究能夠找到共同利益，符合彼此最大需求的平衡點？而台灣在兩強之間，是福？是禍？

這也是為什麼六月四日郭台銘召開記者會，呼籲執政領導人應該盡速針對最新情勢召開國安會議。除了提防避免「修昔底德陷阱」，郭台銘解讀貿易戰的背後，美中兩強科技力的競爭，針鋒相對開始火熱化，狼煙將瀰漫全球，包括美國對墨西哥、對印度也都同時採取關稅懲罰行動。

全球產業結構大調整的時刻已經來臨，郭台銘認為，全世界第一大經濟體跟第二大經濟體在產業調整過程中，美國要升級，大陸也要升級，產業競爭與科技實力的展現和追求，將釋放很大的能量。

「大國崛起所引發的科技競爭才剛開始，」郭台銘強調，在兩強爭霸之中，「全世界沒有G20，只有G2，One World，Two Systems，一個世界兩大系統（美國、中國）。」

二〇一九年六月，蘋果電腦無視於中美歧見日深，直接宣佈在中國上海設立首座專門支援開發iOS、iPad、mac等作業系統的加速器，未來還將在其他城市設立，川普從今年四月提高中國關稅、升高貿易壁壘好像也關不住蘋果的發展。

蘋果把開發專家團隊直接進駐中國，意思是就算中美大戰打得天昏地暗，我蘋果還是要幫中國訓練更多軟體設計人才、開發更多APP幫忙賺錢，蘋果App Store自二〇一〇年在中國上線以來，銷售已超過兩千億人民幣，光是二〇一八年中國的APP收入就佔獲利百分之三十！

事實上像蘋果電腦從二〇一六年就開始把雲端大數據系統，美國和中國的完全分開，蘋果中國的雲端大數據中心，就擺在中國西北貴州，利用天然的水力資源和冷卻系統來運作，鴻海則是提供這個雲端基地的軟硬件服務。

有的政府一直把分拆大科技集團做為目標之一。從二〇一七年時蘋果公司的市值已來到了八千億美元，如果把蘋果看做一個國家的生產力，蘋果已經追上全球排名十七的荷蘭和土耳其的GDP（全民生產毛額），緊追在印尼的GDP九千億美元之後。

台灣的GDP大約是五千億美元，和臉書市值相當。事實上全球一百大的經濟體之中，國家、企業和宗教團體各有擅場，國家數目大約是五十二個，企業是利用市場和管理的模式，來創造價值，來發展組織，有的企業比國家還有錢，比國家還有影響力，這也是企業在人類歷史中愈來愈重要的原因。

企業領導人的權力，已凌駕某些國家機器。像谷歌也開始走出美國，在中國設置了兩套系統，引起了技術外流的抗議，不過，谷歌還是決定如此。即使谷歌不准華為使用手機「安卓」軟體系統，華為也會逐漸發展自己的作業系統。

全球科技強權，早就在兩年前開始默默佈局，在2G兩大系統之下，台灣一方面必須了解貿易戰中，台灣的位置在哪裡，郭台銘關心的，是政府為求生存，除了買武器以外，有沒有替年輕人做更多規劃和準備，如何強化自己的生存位置。

四月三十日，郭台銘在「馬英九基金會」舉辦的經濟論壇上，正式揭櫫了「台灣獲利，美國達標，中國轉型成功」的治國主軸，高舉「三贏」（台灣、美國、大陸）的格局，發揮台灣的優勢，來創造「三贏」。

台灣，可以造就三贏，有可能嗎？

如果美國蘋果公司都在努力達成「美國與中國」之間的三贏，台灣和大陸同文同種，更沒有理由做不到！

儘管中美貿易大戰，規模愈來愈大，但是中美雙方也都還是有溝通管道，郭台銘說以他的了解就超過二十個以上！

反而是兩岸就像仇敵般，台灣過去四年，兩岸之間官方幾乎停止往來，過去國民黨執政時代還有「九二共識」，創造出模糊來往空間。儘管「空間」愈來愈小，有責任的政治家還是要努力創造，現在民進黨卻連九二共識都不要，兩岸不相往來，民眾權益受損更加嚴重。

對岸從大國變成強國，對台灣民進黨政府敵意愈來愈重，但是台灣人民還是不能放棄任何交流溝通機會，包括郭台銘的總統初選「競爭對手」、縱橫政壇五十年的前立法院長王金平就指出，兩岸要是沒有穩定和平，馬上就會帶來五大問題：

第一，外交關係一直被斷。這點從蔡政府剩下十七個邦交國看得出來。

第二，國際組織不能參與。國際ＷＨＡ多年一直拒台灣於門外，影響民眾健康。

第三，區域經濟組織無法參與；從東協到各種太平洋貿易夥伴條約進度緩慢。

第四，雙邊自由貿易協定沒辦法簽署；無法建立多元的貿易出口管道。

第五，兩岸雙邊貿易協定不簽，關稅障礙永遠存在。台灣將棄守全球第二大市場。

郭台銘說，他和北京很多人聊過，對方說台灣問題雖然是on the list（排在時間表上），但不是priority（優先），因此台灣自己也不要添亂子。台灣執政黨不用和對岸接觸最正當的理由，就是「對岸用飛彈對準台灣」，郭台銘也直陳未來兩岸關係有「三種可能」：第一就是用武力統一台灣；第二就是大陸放棄台灣；第三是坐下來談，找到雙方都可以接受的方案。

「大陸要用武力拿下台灣，非我們所能控制，但我們可以避免，」郭台銘面對媒體訪問時再次強調，第二種是大陸放棄台灣，但這是不可能的選項，因為任何一個領導人放棄台灣，就變成民族罪人；第三種可能，就是溝通，不停的溝通。

台灣和對岸不停溝通的後盾，國防當然是其中之一，但是國防絕不等於「軍購」，這是郭台銘一直強調，台灣應該要在和平基礎上發展高科技武器，未來的武器高科技化、無人化，台灣可以努力做到不挑釁但也不會懼怕或懼戰。

對美國來說，台灣是美國在全球第十一大貿易夥伴，台灣雖小，卻可以信任。郭台銘認為，很多台灣科技人才也在美國念書、工作，其實等於在美國儲存很多人才，這是為什麼郭台銘多次強調，除了購買防衛性武器，一定要把武器省下的錢，轉來發展科技，在正確的方向上好好重用人才，可以讓台灣和美國的科技產業鏈結合得更緊密。

誠如第二章「智能國防」所述，美國極力想保持5G優勢，從國防的角度來看，就是一種高科技的建設工程，5G平時可用於消費應用和研發投資，未來用在無人機、自動化，卻也是工業另一項重要基礎，台灣如何和領先國家合作，像台灣沒有市場，有的是研發人才，在自由民主的氣氛下，台灣可以和美國有更多合作。

科技快速發展，帶來中美之間的巨大矛盾。我想這是為什麼郭台銘一直說「AI救國」、「AI愛台灣」，在「第三次數位革命」之中，知識經濟一定要和優質中小企業結合，把台灣變成全球最好的AI實驗場域，在美中貿易戰，台灣在中間可以大大「獲利」，這也是「第一贏」。

至於「美國達標」，我想川普眼中的「達標」，應該不只是美國經濟數字，還要川普的二〇二〇年連任之路吧。郭台銘第二次進入白宮，美國內部仍有許多反對力量，包括他已是國民黨總統初選參選人，但是川普還是接見了他，了解台灣在重塑全球供應鏈的重要性和努力方向，說明台灣對於「美國繼續偉大」的關鍵位置。

台灣對美國的直接投資二〇一八年僅有八十億美元，根據美國在台協會資料，美國二〇一八年對台灣的投資高達一百三十億美元，如果未來郭台銘能帶領更多的台灣企業投資美國高科技、甚至農業，不但能達成雙方投資平衡互惠，更能為美國創造更多的工作機會，這是美國的「第二贏」。

有人說，郭台銘選總統是為了「救鴻海」，那就大可不用再跑美國，因為鴻海早就投資美國，川普更不會浪費時間，如果只是「救鴻海」，那就更不用去了，但是台灣和美國緊密合作，卻不用變成美國一顆棋子，郭台銘認為，這就是國家領導者的任務和工作，在台美、台日、兩岸都要做一點平衡，在正確的方向上好好重用人才。

至於第三贏「中國轉型成功」，其實中國早就在往「小康」社會前進，主要是「供給側」的改革，需要更多的企業研發和投入，這也是台灣企業最擅長之處，加上台灣在人工智慧上的供應鏈優勢，雖然日本韓國企業也擅長科技研發，畢竟不如台灣企業靈活。

台灣過去在中國三十年的「改革開放」，已佔有不可磨滅的地位，未來三十年的「供給側改革」，如果大陸能繼續利用台灣的研發硬實力和軟實力，讓民生更富庶，社會更安定，完成「供給側」改革，這將是大陸的「第三贏」。

最好的國防，就是「左右逢源」，才能讓台灣有錢！而「三贏」才能達成和平，也是台灣成為「智慧科技島」的最正當理由，追求和平、打造更好的國防，更好的台灣，也是「藍」、「綠」、「白」的三贏。

「我一年半前到美國投資，就已經了解未來可能發生的方向。」郭台銘提到他在二〇一六年赴美投資時就發現中國、美國未來可能發生的摩擦，但是郭董痛批台灣政府沒有發現問題、更沒有解決問題的能力。

「如果兩岸和平、中美貿易問題同時出現，我若不在此刻挺身而出，我不配做中華民國的國民。」他說。

從過去每年的年終尾牙，他都唱中華民國的國歌，他從來沒有忘記中華民國，他每次到香港出差都寫台灣ROC，雖然海關都把他劃掉，但他進一次填一次，他到哪兒都填ROC。愛國，就是郭台銘參選最大的「正當性」。郭台銘自謙的說「多一種選擇」，事實上他至少有五項條件是其他候選人所沒有的：

第一項條件，是管理能力。鴻海光是一年的預算高達六兆，是中央政府兩點五倍，加上兩岸三地可以統領上百萬員工，打理食衣住行的能力，雖然許多人質疑企業員工和政府公務員完全不同，但光是資源分配和計劃執行的能力，非其他候選人能及。

第二項條件，是他了解全球經濟，也就是科技整合對於世界經濟的影響，並帶領台灣要如何應對。這是本書探討的主題，特別是台灣未來要成為科技島，一定要進行重量級的投資，這部分本書的第九章還會特別分析。

第三項條件，是充分獨立性，可以不分藍綠整合並重用台灣人才。郭台銘不是典型政治人物，沒有派系包袱，不欠人情，所以當初選開始之後，許多媒體攻擊他和不同的政治人物結盟操盤，郭台銘都啼笑皆非，我個人也覺得，捕風捉影挑撥離間成分居多，因為郭台銘參政之前，根本很少在台灣，過去因為捐款才認識的政治人物，離派系或結盟「革命感情」還有一段距離。

第四項條件，是用「執行力」找回國民黨的霸氣。從制度到執行，從升遷到論功行賞，郭台銘來自四十五年實務積累經驗，精確的說，像郭台銘這種四十五年來有名的「工作狂」，未來如果他努力把「總統」角色做好，幫大家賺錢，把台灣經濟搞好搞上去了，全部的台灣人都會有利，包括鴻海員工，所以郭台銘說「同工不同酬」，更強調「我不是來找工作，是替大家找工作；我不是為自己賺錢，是為大家賺錢，新科技的錢！」

第五項優勢，是郭台銘和全球領導人都有迅速溝通的管道。過去台灣政治人物主要留在島內工作為主，但是郭台銘全球走透透，「我知道這些一流領導人的想法，」這對預見未來的世界更加重要。甚至他買下日本夏普後，經過三年整頓，更了解日本面臨老年化，到底要怎麼計劃應對，他更希望把這些經驗移植到台灣。

郭台銘展開「素人政治」的生涯，已讓台灣這場選舉變得不同。不論能不能在三個月不到，爭取到國民黨總統候選人的資格，他已為台灣和平、定定、繁榮的未來，注入不同活水。

從他決定投入總統初選的那一刻起，他已經創造了台灣的未來。

第二部：安定發展

安定，才能規劃長期穩健的經營模式，蔣經國很不喜歡財團的勢力，來干擾國家政策，決定了台灣經濟和產業的走向。讓台灣不像韓國那樣以大型工業商社為主，韓國前十大企業就佔全國百分之五十五總生產毛額，但是台灣百分之八十是靠中小型企業，這也提供了郭台銘創業的溫床。

第四章：新資源

錯過上一波網路創業機會，要抓住人工智慧這一波革命。把台灣做為起跑點，人工智慧會和各種行業結合，郭台銘認為「十互聯網」會出現一百倍大市場，郭台銘鼓勵年輕人和他當年一樣創業，不要怕失敗，因為失敗是成功的母親，台灣可以成為「創業者的祖國」。

曾經是安定台灣的重要力量，「軍公教」人員曾幾何時，卻成為政府「改革」的對象。

軍公教本是比較奉公守法的一群，許多軍公教第二代通常也走專業、學術或上班族路線，按部就班，而成為創業家，乃至於大企業家少之又少，面對政府修改當初承諾軍公教人員退休俸來應變財政困難，許多人合法權益受損也只能沉默，甚至面對許多不尊重的對待。

做為軍公教「守護者」，郭台銘後援會第一次刊登了廣告，不惜全力對執政黨開火。

郭台銘是警界公務員出身，了解軍公教人員已經和政府一輩子「共體時艱」，所以對軍公教受辱感同身受，郭台銘這樣出生軍公教、卻能在商場中叱吒風雲，走向全球競爭，看過人情冷暖，更加覺得政府做法有待商榷。

郭台銘每次想起整理父親郭瑞齡先生的遺物時，看見了幾張揉得很舊的美鈔夾在書信中，就覺得一股辛酸，雖然做公務員沒什麼錢，但是逃難的年代之中，隨時可以用來保命之財，心中對於國家積弱戰亂下的一代充滿心酸。

革命尚未成功，所以當富士康集團董事長郭台銘參加國民黨內的台灣領導人代表初選時，先向會議室中央懸掛的孫文像行三鞠躬禮，竟直接朗讀總理遺囑，幾乎倒背如流，現場人士也大感意外。

這一幕也讓許多七〇年代以前出生的台灣民眾動容，除了「聯合世界上以平等待我之民族，共同奮鬥」的內容，還想起小學課本上讀過孫文年輕時回鄉，把家裡祖廟神像打倒，強調科學和民主的小故事。

孫文可不知道郭董因「媽祖託夢」出來為大家做事。但這不是消遣郭董，而是凸顯經營領導者實事求是、推動進步，特別是台灣先民冒險渡海求生，「媽祖」是台灣人最親近的神明，看見媽祖，人心安定。

渡海移民是台灣社會建構的重要部分，尤其百年前科學尚不昌明，渡海來台充滿太多「不確定性」，海峽被稱為「黑水溝」，俗諺渡海十人中只一人返鄉，所以台灣各種神明眾多，包括四九年之後兩岸最大規模的渡海，歐美傳教士則大舉轉進台灣，安撫台灣惶恐人心，在動亂中尋求安定發展。

當然郭台銘「託夢說」隨即引來政治迷信混為一談的批判，加上台灣除「媽祖」還有其他西方宗教，逼得郭台銘進一步提出說明，像蘋果電腦創辦人賈伯斯也有他的佛教密宗信仰，如果把信仰化為正面思考，可以推動許多創新。

一九四九年的四百萬人渡海台灣，這是清華大學教授楊儒賓筆下華人歷史最後一次南遷，一九五〇年祖籍山西的郭台銘出生板橋，這一批來自大陸各省的移民和清朝閩南移民不同，為台灣帶來了中研院和自由主義、故宮和藝術文化、宗教自由和人間佛教，當然，還保存原來的媽姐廟和關公。

郭台銘後來事業穩定之後，把賺來的錢交給母親，母親竟然存起來慢慢買金條，因為黃金可以保值，這已經是戰後近三十年了，母親還把金條放在臥室，好安心睡覺，說明一旦戰爭和逃難之後，日後留下的陰影，無以復加。

這也是為什麼外界把郭台銘和「權貴」連在一起時，他會相當憤怒，特別是過去半世紀以來，和中華民國一起成長的軍公教人員，其實是「安定」社會一股最重要的力量，保家衛國、投入教育、政府運作，換來微薄收入，卻也讓社會國家發展成長。

當外界對於千億身家大企業家有「含金湯匙」出生的想像，郭台銘總是分享小時候家裡租下板橋媽祖廟「慈惠宮」後方安頓，六個人住四坪大的房子，吃完飯後還把桌子拆掉，空出床板睡覺，他從初二開始，暑假去板橋厚生橡膠廠打工，一直到大專畢業，沒有向家裡拿錢，學雜費都是自己賺來的。

為了打破外界對他「權貴」的印象，他也利用媒體大談了許多打工趣事，更找來本省同學話家常見證，郭台銘沒有住在外省人聚集的新村裡，讓他更直接觸及土地，和許多人拉近距離，同學和鄰居，家裡有許多做生意的，做工的，百姓日常生活，郭台銘從土地找到了力量。

所以從郭台銘角度來看「軍公教問題」，這是一整個大時代的過程。百萬人在十年內湧進了一個島嶼，而且經歷殖民統治，所以問題不在「軍公教」，而在於「領導者」本身，能不能凝聚成團隊的力量，帶領眾人從風雨飄搖之下，在一個資源有限的小島，安定下來，進取發展，進一步創造台灣經濟奇蹟。

這也是郭台銘決定以「蔣經國」為師的重要原因，他參選總統時接受專訪時提到，想要做一個像「蔣經國」一樣大破大立的總統。

蔣經國對台灣規劃和建設，至少影響了半個世紀。除了推動「本土化」和「民主化」就不再多言，他對於土地的認真和大格局的建設台灣，勤奮工作，加上「十大建設」的規劃，讓國營企業投注在民間當時無法有效經營的建設，從機場、高速公路到鐵路電氣化等等，更凝聚了社會民心。

郭台銘還記得暑假參加救國團中橫縱走，看見當時主任蔣經國來探望學員，他還起來和蔣主任握手，感覺到「偉人」也是如此親民，也影響他現在雖是千億老闆，卻還是強調自己是做工出身的，即使「千億身價」，還是能夠在不到一個月的時間內，走透全省和基層民眾在一起，再接「地氣」。

但蔣經國很不喜歡財團的勢力，來干擾國家政策，決定了台灣經濟和產業的走向。讓台灣不像韓國那樣以大型工業商社為主，韓國前十大企業就佔全國百分之五十五總生產毛額，但是台灣百分之八十是靠中小型企業，這也提供了郭台銘創業的溫床。

從這個角度來看，沒有蔣經國，也不會有這麼多活躍全球的中小企業。台灣很小，資源有限，後來郭台銘創業的艱辛過程，從全球市場來看台灣，也造就了他後來的產業「資源競爭觀」。

郭台銘的創業歷程，在不同場合、不同媒體都談過，但我還是認為他在土城那掛有全世界地圖的辦公室裡聊起往事，最能看出創業背後的策略意義，凸顯了軍公教族群看到的是國家、領袖，而創業家看到的是市場、是機會。

半工半讀、從板中畢業後，郭台銘考上中國海事專科學校（現在海洋大學），這大專院校中排名末段班的學歷，卻是他開啟全球視野的重點據點，當畢業前他在復興航運實習，擔任安排船期及押匯工作，讓他了解國際貿易如何運作，特別是美國把生產線移到海外，對台灣開放出口配額，讓他看見海外市場的「力量」。

做為美國及全球加工生產線，訂單源源不絕，就怕你生產不出來，貨運不出去而已。這表示，只要找到船、排得到船期，就賺到了往後出口的配額。

「但是沒有工廠，哪來的貿易？」他畢業服役後，正好他一位同學協助外商採購電子零件黑白電視機旋鈕，於是一九七四年郭台銘決定投入創業，拿著母親標會來的十萬元，加上幾位同學湊足三十萬元開始設廠創業。

那一年郭台銘也才二十五歲，大家都沒有生產經驗，只是郭台銘深信電子業未來大有可為，創業需要「天時、地利、人和」，但郭台銘創業前三年，可以了解什麼是「天不時，地不利，人不和」。

創業開始遇上石油危機（一九七五年），雖然市場很大，但成本也大幅增加，租來的工廠也不能大量生產、穩定交貨，因此原股東都逐一退出。但郭台銘不願輕易放棄，向岳丈借了七十萬，硬著頭皮就把這家公司頂下。

石油危機、生產外行、股東走了。但這些不重要，創業者眼中看到機會，全球市場的機會。

特別是美蘇開始「冷戰」格局中，美國把東亞推上了「前線」，應該說韓戰越戰之後，美國把生產線移到勤奮的東亞，日本的家電和汽車，個人電腦崛起，郭台銘不只是發現貨運背後的製造很有發展潛力，而且緊緊抓住了電子產業硬體外移全球化的機會。

這也是「創業家精神」的起點。彼得．杜拉克在這個部分，談到了很多，特別是創業家對於機會的掌握，比別人更有勇氣，像郭台銘掌握這全球化市場機會，把全部的籌碼，都重壓在生產線上。

「板橋永福宮後面土地那時一坪才三千八百元耶！」郭台銘感嘆的說，前三年賺了第一筆錢，他到底要拿來買土地，還是建廠房買機器設備，郭台銘選擇後者，開始他最痛苦的三年，光是蓋廠就花了一年半，組裝設備和使用機器上手又需要時間，土地價格卻漲了兩、三倍。

郭台銘那段時間每天都在心中盤問自己：「我的決定是正確的嗎？」靠著第一批模具機

器和和技術積累，資本不斷被投入到購買更精良的設備上，隨著七、八年過去，他也開始釋懷，土地最多漲幾十倍，但是公司累積了自己的技術，可以滿足上百倍、上千倍的訂單，滿足全球市場的供應鏈。

美國電子業供應鏈，走了四十年的繁榮。美國十五兆美元的GDP，帶動全球創新的能力，包括亞洲四小龍的躍上世界舞台，也造就鴻海，比任何一家房地產公司的市值還要高。

郭台銘把機會化為行動，進一步來看，郭台銘定義「機會」的方式不同，電子業會改變人類生活，他勇於重壓，這是他創業的題目，取名「鴻海」，看見大海一樣的市場，還要像一隻鷹，甚至以身相搏，才能橫越大海。

現從郭台銘的眼中，人工智慧帶來產業機會，比四十年前這一波潮流還要強、還要深、還要廣。

比起過去的個人電腦到手機行動網路，未來的「人工智慧」市場無所不包，因為「物聯網」和「大數據」技術繼續發展，整合了現在和未來，郭台銘定義的規模比過去網路虛擬實體還要大。

人工智慧，又是一個「鴻海」。

從市場上來看，「人與人」到「物聯物」迎來「＋互聯網」時代來臨。所謂「＋互聯網」是指各行各業只要有「專精知識」（Domain Knowledge）能力，都可以形成大數據網路和人工智慧相連，相對於大陸喊出「互聯網＋」，只是人與人相聯的網路，「＋互聯網」還包括「物」與「物」的聯繫和連動，人工智慧和工業物聯網所產生的價值，將比商業互聯網還會多出一百倍！

人工智慧最被廣為討論的電腦下棋贏人腦，AlphaGo只是證明人類部分工作，可以被電腦高速運算來取代，人類進一步把機器的指揮和系統運作，都交給人工智慧，從無人駕駛車到無人運送飛機，「＋互聯網」從虛擬經濟的角度出發，回到實體的工業，人類文明長遠發展有了一個新的起點，站在二〇二〇，郭台銘眼中「先進製造＋工業互聯網」就是未來。

從技術上來看，一邊是數位科技繼續演進，一邊是科學應用繼續發展，台灣從個人電腦和手機往上延伸，郭台銘的「兄弟」、電子五哥「老二」廣達電腦董事長林百里就形容，台灣過去個人電腦是十倍速時代，現在從硬體走向軟體時代，同樣硬體條件，若是厲害的人，可以因為運算方式的不同，創造出一百倍的速度差異，甚至可到達三百倍速的時代！

但是要達到人工智慧的運作目標，除了很長的研發階段，還需要很多專業知識，才能做出應用平台與建置，未來也沒有純粹軟硬體公司，而是成為解決方案提供者，科技公司就是提供ＡＩ工具的公司，比起過去的個人電腦或是移動通訊，林百里就形容，這是「非常大的跳躍過程」。

從應用上來看，食衣住行，農業到醫學中心，從智慧交通到智慧城市，都可以加上工業互聯網，直接影響未來數十年，人工智慧就像網路改變了生活與工作的模式，進一步逐漸改變整個社會、城市和國家。

像二〇一六年庫克第二次造訪中國時，不但在北京試乘了中國搭車軟體「滴滴出行」車輛，並宣佈向滴滴投資十億美元。滴滴在全中國四百個城市與一千四百萬輛以上計程車簽約，擁有三億註冊用戶、市佔率達到百分之八十七，是每天有數百萬人利用的「神級軟體」，未來如果加上蘋果自動駕駛控制技術，讓地圖聯動龐大行駛數據和搭車服務融合起來，無人交通系統將不再是夢想。

從競爭動態來看，美國和中國兩大市場繼續上升之中，全球二〇一七年在人工智能上的新投資，中國幾乎佔了總金額的一半，而且它是從上到下整體同時發展，包括安全辨識軟體和ＡＩ晶片，這也是大陸希望在二〇二〇年時人工智慧要站上世界舞台的企圖心。

除了中美，全球主要的已開發國家，能夠從移動網路再往人工智慧發展的國家不多，台灣必須把握這個機會，在中美間逢源，為台灣未來經濟注入一股最重要的力量，在四月三十日馬英九基金會所主辦的經濟論壇中，不到四十歲的立委許毓仁就請教總統參選人郭台銘，過去鴻海擅長的Cost down（縮減成本）能力，未來要帶台灣走向Cost down，還是value added（增加價值）？

「Cost down」也是一種科技！郭台銘解釋，創造價值不外乎成本減少和定價提高，他先用ＡＩ管理生產線，讓人力減少百分之八十三、成本再減少百分之四十七，事實上全世界任何國家資源有限，特別是台灣，第一步就要讓政策執行有效率，資源合理運用分配，創造國民所得，這是領導人應該做的基本事項。

人工智慧並不是天方夜譚，從生活和生產，實實在在帶來進化和改變，當然也是因為高科技的附加價值，會對現有市場帶來的衝擊，從商業到政治，從文化到社會，這是未來為什麼郭台銘要鼓勵年輕人，把握這大好時機創業，找出自己的價值，未來整個生態系會有上千萬家公司，但最重要的訊息是，這些公司都尚未誕生！

郭台銘未來將專注投資在三十五歲的創業者，因為他們是探索未來的主角。但他反問年輕人，若要創業，是否已做好長期奮戰的心理準備？

就像郭台銘從自己租廠房、找訂單、買原料、管生產，熬過創業的辛苦，兩張板凳靠在一起，外加一個電話簿當枕頭，他可以連睡三天晚上，創業前三年他幾乎每晚在工廠過夜。為了節省，郭台銘連長途電話都要到父母家去打，他還記得有一次過年，給員工發完年終獎金後，他口袋裡只剩下兩千台幣：初一包給父母一千元；初二回太太娘家包一千；初三就身無分文，一頭扎進工廠中。

人工智慧的機會，讓郭台銘再一次充滿了鬥志，郭台銘開始打造他對這個島嶼的願景和論述。台灣不但必須是一個智能科技島、台灣更必須變成一個「創業島」，才能在這個環境下生存下來。

也是從郭台銘在高科技佈局下的思維，他眼中「創業」能量，才可以看出他從過去四十五年的全球競爭，走回台灣，甚至進一步參政的重要理由。

二〇一七年他走出白宮時說出了一段經典名言，「市場就是我的祖國，但別忘記我在哪裡交稅！」

像荷蘭飛利浦公司，英國的葛蘭素製藥公司，甚至香港匯豐銀行等，總部早就移出了創始祖國，不管是為了「避稅」，為了接近市場、接近生產，企業必須找到最佳的奶水和養分，這也是全球化的企業必修學分。

為了尋找資源，企業必須尋找「祖國」，在全球競爭的過程中，台灣由於欠缺大型工業集團或財團支援，沒有保護，所以中小企業必須努力打入全球供應鏈，才能生存安定下來。

我印象最深的，就是郭台銘談到他三十歲的生日是在日本過的。那一年他到大阪和日本松下談合作，爭取零組件的生意，日本人知道開會那天是他生日，特別請他吃飯，一不小心他還喝醉了，第二天郭台銘醒來，想到日本有很好的母體工業，帶動日本零組件的發展，反觀台灣的系統廠要找鴻海合作，不但沒有培訓，還要求交期要比日本客戶要求還要短、成本更低。

郭台銘考慮了兩個星期，決定從今起推掉國內系統大廠的訂單，直接和國際大廠合作。

努力做到成本更低、交貨快、品質又好，像國外電腦品牌願意給小廠機會，只要價錢可以，便願意派工程師來教你，台灣最早一些筆記型大廠就是靠大品牌派人來慢慢培訓，掌握技術。

「一天不累積技術，便一天要受制於人！」郭台銘感嘆的說，台灣零組件工業有哪幾家是自己國內廠商訓練出來的？

從創業艱辛到中小企業的經營，也形成郭台銘在創業過程中領悟的「競爭論」，郭台銘認為企業競爭，就是競爭「資源」，包括「資源的取得、資源的運用、資源的分配」。競爭對富士康而言，是一種「生存常態」！

過去在農業和工業時代，所謂的「資源」不外就是「土地」、「礦產」、「資金」、「人脈」等，也是所有人競爭的目標，自從個人電腦時代來臨，郭台銘認為三種最重要的「資源」，是「技術、時間、人才」，所以鴻海創立四十年來，以設備、物料和技術、人才的投資為主，不被龐大固定資產所把住，才能跟上時代快速的變化！

郭台銘強調「競爭導向」，因為他認為這是最「健康」的方式，郭台銘相信競爭、相信自由市場，甚至是在組織管理上，郭台銘最常在演講中舉的例子就是「人很多就會塞車」，人才前進，就像開車，學弟超過前面學長，不用不好意思，因為換個角度想，「你認為學長會說，你來上班，我明天就把位置讓給你嗎？」

鴻海是遵照「自然和人性的法則」去從事有關科技的競爭事業。台灣經濟發展也必須面對全球競爭，愈是動盪亂世，愈能展現「物競天擇，適者生存」的自然法則，從物質貧乏之中，追求進取。

競爭，才能保有活力和創造力，這是郭台銘帶領鴻海成長的最重要力量，也是在人工智慧的年代的生存法則。

創業家，就是和環境競爭，和對手競爭，和自己競爭的人。由於專注「競爭」，所以很容易讓人覺得「自私」，郭台銘其實意識到這一點，所以他在一次「郭董早餐會」和二十四歲的年輕創業者黃山料對談，當黃山料請「郭董」給他擇偶建議，郭董一直謙虛回答大家相差了四十歲之多，很難建議，但是郭台銘還是提醒他，「創業者的對象，可能要找愛自己比較多一點的人。」

郭台銘非常感念元配林淑如女士，創業初期連家庭生活也受到牽連。他記得兒子剛出生時，他仍每天早出晚歸，有一次他問太太為什麼每天晚上小孩都一直哭，太太才說因為小孩容易肚子餓，她都餵小孩米湯，沒有錢買奶粉，「你已經三個月沒有拿錢回家了！」

犧牲了個人和家庭，創業家們卻開拓了機會、開拓市場、開拓了台灣產業的疆域。雖然當時可能也不了解什麼是供應鏈，卻已經打下全球品牌共建生態的基礎。

為了直接強化和國外品牌合作的能力，直接對接供應鏈，一九八五年，郭台銘開始開拓外國市場，並在美國成立分公司，那一年他三十五歲。

他永遠不會忘記第一次到美國東岸拜訪客戶時，他抵達紐約時已是星期五中午，到達對方採購人員辦公室時，對方已提前開始度周末，於是郭台銘只好找一家最便宜的汽車旅館住下，當時既沒錢又沒車，「我只好一天吃兩頓、一頓兩個漢堡，外加旅館免費的巧達湯，連吃三天。」郭台銘回憶。

但這次的旅行，卻是奠基國際市場的第一步。郭台銘說，他在旅館裡把未來鴻海進攻國外市場的進攻策略，徹底的想了一遍，「因為餓的人腦筋特別清楚！」後來他的美國分公司還特別請一位經理，陪他一起拜訪客戶，幾乎走遍了美國的三十二個州！

美國很大，為了省錢，郭台銘的出差規劃，是他和經理兩個人一起租車，一天拜訪兩個城市，見一到兩家客戶，所以前一天晚上會先到客戶所在城市，這樣一早就可以開始開會，中午左右開上高速公路，日落之前到達下一個城市。在車上還可以和那位經理練習英文，晚上則睡在二十美元一天的汽車旅館，郭台銘笑說，「我連高速公路旁Danny's餐廳的菜單都會背了。」

從加州到德州，從東岸到西岸，郭台銘就這樣一步一步串連美國市場，也練好了英文，所以每次郭台銘回台灣之後，那位美國分公司經理一定向他請假一週，因為實在太累了，但是美國當時一流的電腦品牌從ＩＢＭ到康柏公司，都和鴻海建立緊密關係，鴻海甚至在美國康柏總部旁建置了一條試產線，只要客戶有新的設計，鴻海馬上做出模型試產。

「胸懷千萬里，心思細如絲！」這是郭台銘最喜歡的一句話，事實上不是郭台銘發明，而是華航早年的一段廣告詞。郭台銘跑海外客戶時，華航正是一路伴隨他「長大」的公司，而空中小姐的服務精神，加上遍及各地的航線，也正像鴻海從細微處服務全球客戶需要，兩家公司也有部分「神似之處」。

也是走向全球競爭之後，郭台銘開始「感謝」台灣，沒有政府的照顧、沒有母體工業集團的培訓，反而讓中小企業能夠體會全世界各地給予的「考驗」，為了爭取日本、美國、歐洲的訂單，他不斷的學習，郭台銘形容，如果每天都和少林寺、武當派、崑崙派的高手切磋劍法，久而久之如果能夠自成一格，這些經驗都不是書本上學得到的！

後來郭台銘擔任模具公會理事長，到新加坡開會，一名當地部長問他，台灣中小企業為何能發展得這麼蓬勃？郭台銘告訴對方，正是因為台灣政府缺乏照顧企業，中小企業只好憑著一己之力，夾縫求生，累積實力，進而成為全球工業生產體系不可或缺的一環，這也是中小企業走向全球最寶貴的學習成長過程。

也是靠這樣的「功力」，讓台灣可以和日韓競爭，當蘋果電腦開始崛起，設計出全球消費者引頸期待的產品，蘋果毫不吝惜的使用從全球採購最尖端的零組件，全球供應鏈也為了新產品需要，開發上億的零組件，並且在最快時間內為蘋果趕出產品，共同瓜分訂單。

關鍵零組件的重要性，從二〇一八年三星Note7電池失火事件的損失就可以估算，包括損失了二十億美元及股價持續跌落，而三星的跌倒，恰好凸顯了蘋果的「穩健」，也是內部垂直整合和外部垂直整合的優劣比較，沒有絕對的優點，卻有執行上的差別。最重視消費經驗的公司，其實還是必須具備很有效率的製造，才是從生產導向消費的關鍵，這也是蘋果和蘋果供應鏈壯大的主因。像iPhone7銷售帶動蘋果銷售，影響的不只是蘋果本身，連日本企業也都會受影響，像iPhone的液晶顯示器由JDI日本顯示器和夏普生產，而攝像用圖像傳感器和半導體記憶體則分別由索尼和東芝供貨。

過去日韓的封閉型內部供應鏈是以「近親繁殖」為主，三星學習過去日本以財閥系統，由子公司供應零件，但這次事件證明，如果沒有到位的監督管理，愈是關鍵時刻，愈是容易出大錯，反觀蘋果雖然外包零件，但是優越的管理整合，供應鏈壯大，卻可發揮更強的實力。

所以郭台銘不相信理論，不相信完美的計劃，因為再好的題目也有失敗者，再不好的題目也有成功者，關鍵是接受挑戰的態度和創業家精神，特別是數位時代來臨，人工智慧崛起，郭台銘反而一再強調，「失敗是成功的母親」，成功沒有其他法則，失敗多了就容易成功，只有依靠努力嘗試，創業就是「哪條路能夠走得通，就走哪條路」。

挫折和失敗，反而是創業者「最寶貴的資源」，失敗也讓創業者認清，為何要創業，看清資源，也是一種不斷的反省，強化自己的心態，這是ＡＩ時代重要的前進動力。

ＡＩ風雲再起，郭台銘認為，台灣錢雖然很多，但投資太少，如果願意投資，本土人才也不會外流了；特別是面對美國和中國同時崛起的變局，把握方向和時機，因為「ＡＩ＋創業精神」將是台灣最重要的「新資源」。

台灣，沒有資源，沒有市場，卻可以做為「創業者的祖國」。領導者必須務實的規劃創業者的平台，強化創業者走向全球的能量，就像鴻海靠自己力量，建立台灣和全世界各大品牌緊密的供應鏈。

第五章：智財硬漢

台商企業和大陸一起成長，大陸企業也吸收了來自全球企業的經營方式，更大規模挖角年輕幹部，我有一次問郭台銘，鴻海不怕被對手一直模仿下去嗎？郭台銘說，我們會一直前進，他們抄到的只是舊的，而且精神是無法模仿的。

「許宗衡，我富士康寧可關廠，也不接受你的威脅！」

整個大廳辦公室裡一陣沉默，所有聽見這段話的人也不敢出聲，許宗衡從二〇〇六年開始擔任深圳市長，當時深圳的GDP已達到兩千億美元，等於是台灣GDP的一半，很難想像權力之大，獨霸一方。

富士康深圳廠區當時已超過四十萬人，富士康決定控告比亞迪（BYD），深圳市政府極力阻擋，畢竟比亞迪創辦人王傳福，是深圳人大常委，比亞迪兩年內總共挖走了四百名富士康幹部，富士康到深圳市府申告，政府「公檢法」部門卻反應緩慢到根本沒有作為。

所謂「公」是公安，「檢」是檢察院，法是「法院」，但是郭台銘決定上訴到底，深圳市長許宗衡揚言，如果富士康繼續上訴，要將富士康「斷水斷電」！

關廠等於倒閉，面對強權，郭台銘不為所動，更決定到香港打官司，那時我已進入香港亞洲週刊，富士康移往香港上訴，也是我和郭台銘更加「熟稔」的開始。

二〇〇八年的三月十二日，富士康控告深圳企業比亞迪「侵犯商業秘密」正式在香港法院立案，我也開始追蹤報導，這是鴻海商業競爭的手段，還是提升中國智財保護環境的轉捩點？霸氣且善戰的郭台銘能夠打贏嗎？

為了報導這個案子，我特別申請出差，從香港飛北京，專訪郭台銘，了解案情經過，事實上當外資企業視之畏途，對抗偷竊商業機密，全球第一大電子專業製造公司鴻海科技集團董事長郭台銘親上火線捍衛智財，從深圳法院、北京聽證會到香港法院，被稱為「中國智財第一案」。

這讓我想起第一次走進富士康採訪，深入代工之王核心總部時戒慎惶恐，所有所見所聞路徑都被限制，因為代工最核心「信條」，其實就是嚴守客戶秘密，更不要說科技專利如果流出，會引起模仿。

深圳後來快速崛起，經過「山寨」洗禮絕對是重要因素。郭台銘一九八九年開始跨越海峽「神隱」深圳，從落腳第一天開始，為員工每天早上加一顆雞蛋，一步一步建立長期穩定的生產基地，卻還要應付台灣媒體的疑慮和審視。

這次郭台銘祭出「保護智財」大旗，訴求法律的公平公正，但外界認為，富士康一連串法律行動是商業競爭的一環：一是要阻止比亞迪公開上市的動作，二是要阻止訂單流向，三則是阻止商業機密繼續外洩。不願透露姓名的專家指出，「郭台銘更想試一試大陸對於智財保護的力度！」

當時（二〇〇七年）鴻海集團營收已達六百億美元。相對於鴻海過去的國際競爭對手，如Tyco和偉創力等，都是百億美元以上規模，比亞迪的營收不過一百多億人民幣，稱不上是「同等量級」對手，我心裡還在想，有必要用這麼大的精力資源和成本嗎？

原來故事是從二〇〇六年五月四日開始，早晨剛上班，富士康科技公司品質管制部門資深工程師王維，接到了過去老同事張建的電話。張建在兩個月前跳槽到深圳另一家手機公司比亞迪，但張建有一些文件不會製作，希望王維把製造手機相關機密文件透過電子郵箱傳送給他參考。

現在來看這種做法真是不可思議，但十多年前這是普遍現象，王維不但答應，並從上午十點鐘就開始傳送張建索討的文件。但由於傳輸的檔案實在太多，容量太大，一直到當晚王維下班時還沒有傳送完畢，王維甚至還委託加班的同事楊娜娜繼續幫忙傳送資料給比亞迪的張建。

於是四十二套的富士康手機製造流程與文件，從上午十點到晚上八點半，就這麼一點一滴流向比亞迪。由於傳送容量過大，時間又長，終於引起了富士康網路管理人員的注意，並通知了王維的主管。

當其主管發現的時候，「簡直當場要昏倒了，全都是公司重要的商業秘密，一旦曝光，就是對公司造成永遠無法彌補的傷害！」王維的主管迄今回想起來還是一臉懊惱與不平。

二〇〇七年四月十一日，廣東省寶安區法院正式宣判，以侵犯「商業秘密」犯罪，判王維有期徒刑九個月（深寶法刑初字第八七四號）；這一天離二〇〇六年五月六日王維把商業機密流出，已經過了將近一年！

鴻海內部人員指出，當初富士康本來只是想嚴懲個人員工的犯罪，特別是針對那些跳槽又回來挖自己家裡寶物的員工，沒想到一步一步發現不只是不肖員工個人的私利，而是整個商業機密被競爭對手有計劃偷竊。

從員工往來每一封電郵開始，富士康一路重新過濾離職員工的郵件和往來，追查商業機密的流向，富士康也沒有想到兩年之後，不只是和深圳的競爭對手宣戰，其實也挑戰大陸知識產權發展的環境。

大陸國家知識產權局副局長李玉光就曾指出，大陸百分之九十九以上的中小企業從來沒有申請過專利，知識產權管理十分薄弱，普遍存在「有製造無創新，有創新無產權，有產權無應用，有應用無保護」的狀況。

十多年前大陸工程師根本還不知道自己在「偷東西」，這就像台灣早年習慣用盜版軟體一樣，中國人民大學的法學教授郭禾曾直率地描述，中國的經濟發展極不平衡，許多地方甚至存在著生存的問題。「在這樣一個發展中的社會，一個高水平的尊重知識產權的法律觀念是不容易建立起來的。」

二〇〇七年七月三十日，寶安區法院再宣判同樣以侵犯「商業秘密」犯罪，判張建有期徒刑十個月（深寶法刑初字第一五三〇號），這是案發以來第一個罪證定讞的比亞迪員工。

郭台銘從十多年前就開始關注這個議題，在中國經濟的發展環境，知識產權很可能只是曲高和寡的舶來品，也讓企業主張知識產權的困難度加大。

首先，企業的耕耘時間被「偷走」了。為全球知名品牌代工，不只是製造出功能相同產品。瑞士銀行分析師就指出，從使用材料、生產環境、零件成本、數量規模、品質驗證等，都要通過一關一關的考核檢驗，才可能貼上「Nokia」等品牌標籤。

台灣第一大個人電腦代工商富士康整整花了五年學習時間來建立流程及驗證程序，但是二〇〇三年比亞迪跨入手機領域，兩年內就拿到了諾基亞的手機訂單。

舉例來說，像「北京九州世初中心」的公聽會上，就證明被盜用的「緊急情況生產程序」生產檢驗，這是富士康從二〇〇二年在SARS（非典）期間，所發展出的一種安全的生產線流程，並且經過客戶半年之後驗證可行，沒想到在比亞迪的主管檔案夾中，發現一字不漏、一模一樣的文件，節省了自己摸索所需要的時間。

人才的大規模損失，富士康等於是幫大陸培養人才。

企業競爭之下，原本互相「挖人」就很正常，據統計，中國IT企業的跳槽率大約是百分之三十~百分之四十。尤其在深圳這個人才流動率高的地方，企業間互相挖牆腳的事件可謂司空見慣。

富士康也曾祭出誘人高薪及條件，來吸引各家人才投入。但是比亞迪向富士康挖角的正式員工達四百人，規模之大全球企業無出其右，國際人力資源公司主管就指出，通過大規模、有系統的「挖人」方式，一個企業可以在短時間內建立起一條與競爭對手企業相同的生產線，省去了初期研發產品的巨大費用，企業也能夠實現快速發展壯大。

富士康員工在深圳的「行情」是只要有員工證（代表是正式員工），薪水一律三倍！而不只是人才的「量」，還有人才的「質」，像被判「侵犯商業機密」張建的主管、比亞迪手機部門主管柳相軍，他在加入比亞迪之前，正是富士康極力栽培了七年的對象。

清華大學畢業的柳相軍，曾被鴻海派駐到捷克、英國等等，一直是鴻海重點栽培的對象，沒想到還是不敵比亞迪的「挖角」。至於許多大陸公司以上市股票向鴻海挖角，這一點，郭台銘也曾在鴻海股東會上很坦承的對股東表示，「未來我們希望大陸人也能拿台灣公司的股票！」

人才被挖，客戶信心，也被「偷走」了。從九〇年代開始投資大陸，鴻海和台灣的「製鞋大王」寶成集團、台達電集團鄭崇華等，都是第一批投資大陸的企業家。雖然也曾經歷競爭者專利控告及「血汗工廠」之法律訴控，但是最終找到了合法的成本控管模式，贏得了代工客戶信心。

郭台銘曾經自嘲說：我的財富是以一個鎳幣一個鎳幣地累積。這句話也透露出代工產業的辛酸，中國雖被稱為「世界工廠」，但近年中國經濟發展速度加快，導致製造成本上漲，同業競爭加劇，未來「商業秘密」資料若無法強力規範、市場大亂，大陸也將繼續揹上盜版王國惡名。

在大陸屯兵十多年，富士康對於中國十多年來的變化了然於胸。中國大陸在十一五計劃中，開始強調「自主知識財產」的建立，也鼓舞郭台銘決定全面捍衛富士康的「智慧財產」。

兩名互傳資料的員工，做夢也想不到會被判刑。郭台銘也無法想像，在國外可能要重判的商業洩密案，過程不但辛苦、最後還要花上一年時間。

拖了一年，主要的原因，還是大陸的「公」、「檢」、「法」對於智財保護程序的陌生。像大陸公安系統當時沒有所謂的「智財警察」，專門收集智財犯罪事實的能力，加上比亞迪是深圳重要的企業，公安也從來沒有進行搜索，唯一的進展，是一名法官親自到廠區，把這兩台電腦的資料加上存檔備份。

在鴻海訴訟的同時，比亞迪繼續成長。到了二〇〇七年上半年，比亞迪手機部件及組裝業務已佔公司業績的百分之三十七，超過了三分之一，比亞迪業務已覆蓋了手機電池、液晶螢幕、鍵盤等除手機晶片之外幾乎所有的手機零部件。

比亞迪董事長王傳福還擔任深圳市人民大會常務委員，根據中國行政法的職權，市人大常委有任免市政府官員的權力，「照這樣下去，官司還沒有打完，智財不就先被偷光了？」富士康高層感嘆。

所幸後來對富士康的「好消息」是，在唯二的兩部做為證物的電腦的記憶體之中，發現了更多複製富士康文件的記錄，而且有的資料連台幣的單位都沒有改，而這兩部電腦的主人，正是比亞迪手機生產經理柳相軍和比亞迪的「體系管理辦公室主任」司少青。

從富士康複製而來的資料沒有及時的毀滅，恐怕也是「做夢」沒想到富士康能大舉反擊，畢竟比亞迪是深圳重要的企業，公安也不敢隨便進去搜索。郭台銘就指出，「如果連我們富士康都打得這麼辛苦，那其他公司怎麼辦！」

當北京最高法院委託九州世初知識產權司法鑑定中心，對證物做出了商業機密剽竊的結論，也讓富士康決定在比亞迪上市所在地香港法院提出控告。

白手起家，郭台銘就一路面對國際大廠競爭的考驗，鴻海旗下的富士康科技是全球最大的專業手機代工廠之一，當年為知名品牌Nokia、Moto等一年生產高達九千萬支手機，二〇〇七年世界上每十支手機，就有兩支是來自富士康的生產線。

「鴻海這家公司是我一生的作品。」郭台銘強調。二〇〇五年九月富士康科技在香港掛牌以來，股價在六個月之中，一度達到上市價格的三倍。

不過，二〇〇六年年初，包括了花旗銀行、摩根士丹利銀行的產業分析師都指出，富士康的「營運模式」（Business Model）很可能被競爭對手複製、客戶有可能將訂單轉移給競爭對手，特別是從二〇〇二年開始成為諾基亞手機電池供貨商的比亞迪。

比亞迪是以手機電池起家，一九九八年因台灣大霸電子使用其產品取代日本三洋公司產品而聲名大噪。在全球原物料大漲的情況之下，手機電池原材料、盒塑料價格的上漲較高，讓傳統的手機代工廠商備感壓力，但以手機電池起家的比亞迪無疑有著更強的抗風險能力。

對於競爭，富士康一向有自信。過去歐美大廠也把工廠設在低成本的大陸，但富士康在競爭中繼續壯大。「我承認我們太有自信，畢竟所謂營運模式，要抄襲並不容易，」鴻海一名高管承認。大陸的「進步」已經超乎過去所能想像。

但我更深層的懷疑，外國品牌大廠利用中國人不守「知識產權」的習慣，彼此競爭殺價，最後坐擁漁翁之利。

根據諾基亞二〇〇七年第三季財報，獲利能力竟然還能增長百分之七十八，這在科技業界一枝獨秀，主要就是低價手機大獲歡迎，而且成本又低。

比亞迪電子百分之六十的業務，都是來自諾基亞，而諾基亞大量採用比亞迪的零組件、有意栽培比亞迪，這在業內幾乎成了公開的秘密。

儘管富士康一直擁有大規模成本的優勢，但是諾基亞不想完全依賴富士康，比亞迪，就成為了諾基亞制衡富士康的力量。

二〇〇七年十二月五日，高盛投資銀行研究部門則對其客戶提出警示：「因司法鑑定報告對比亞迪不利，將比亞迪列入『建議賣出』名單。」

雖然郭台銘極力捍衛智財，但是二〇〇七年十二月二十日，比亞迪電子順利在香港上市，新股發行量為五．五億股，發行價定為十．七五港元，募集資金約五十九．一二五億港元，約四億美元。而五年前比亞迪電子的母公司比亞迪股份（1211.HK）在香港主板上市時融資兩億美元。

比亞迪更加壯大，也是全球品牌的企圖。最初諾基亞和富士康合作，也是一起投資先期來建立生產流程，分析師指出，但站在諾基亞的立場，生產線建立之後，自然希望能多出現幾家代工符合其要求的企業，越分散越好，選擇的空間大一些。

站在歐美大廠本身的採購人員的立場，可以增強其對訂單的議價能力，這也是比亞迪成長的機會。

但是當這些小廠遇到發展瓶頸時，會進一步向富士康偷取商業機密嗎？這點更難查證，不過從某個角度來看，如果中國市場的商業機密可以互相抄襲、如此不堪保守，也就給予外國大廠更多可乘之機。

這是中國人的悲哀。諸如世界知名企業諾基亞、摩托羅拉、惠普、戴爾、IBM、Intel等都是代工廠商的大客戶，等著代工廠用更低的成本向他們報價。

現在看起來，鴻海的人和資料都被偷，和客戶放任也有很大關係，二〇〇八年二月二十一日，富士康正式控告比亞迪「法人犯罪」，中國公安部門也於三月十二日立案偵查，並於三月二十一日將比亞迪的執行董事，也是第三大股東夏佐全予以傳喚拘留。

郭台銘曾比喻富士康是產業寒冬時的孤雁，打擊愈大、飛得愈高。事實上就現階段中國經濟環境來說，「複製對手優勢」絕對是重要的商業競爭策略之一，但是未來又可以模仿多久？

而在地方保護主義的大傘下，企業更有可能把複製策略當做唯一真理，從這個角度來看郭台銘在大陸堅持打官司，也是中國知識產權界的孤雁。

「打官司，是高科技的象徵！」這是郭台銘最有霸氣的名言之一，但是在中國打高科技官司，郭台銘真正的挑戰才剛剛開始。第一個挑戰，是地方主義的保護。

儘管富士康已在深圳經營二十年，且為大陸出口創匯達到第一名，但是富士康位在保稅區內，不像比亞迪位於深圳市，每年還上交高達六億人民幣的稅金給地方。

二〇〇七年三月，比亞迪更向香港聯交所提出公司分拆上市的申請，預備將旗下生產手機塑膠機殼、鍵盤之模具及手機組裝等部門，以「比亞迪電子」為名分拆上市。加上比亞迪在香港分拆上市，募集更多資金在深圳發展，是真正的「自己人」。

二〇〇七年六月十二日，富士康向香港高等法院遞出訴狀，要求禁止香港上市公司比亞迪使用富士康相關的機密資料，並沒收比亞迪藉由該機密資料獲取的利潤，還要賠償富士康人民幣六五〇〇萬元。

消息一出，比亞迪股價一週內從四十四港元大跌百分之十四，市值蒸發掉近四十億港元

（約新台幣一六八億元）。

不過四個月後，比亞迪盤中股價又衝破七十七港元，創下歷史新高，比起二〇〇二年的掛牌價漲了超過六倍。主要就是投資人對於比亞迪恢復了信心，比亞迪總裁王傳福當時對媒體表示，「企業就是這樣嘛，在你要上市時，出來給你搗點亂。」

一直到二〇〇七年九月五日，深圳市政府的經濟偵察隊正式將柳相軍逮捕。隔一天，在大陸副總理吳儀接見台商的會議上，郭台銘特別向中央表達感謝，有了中央的支持，讓郭台銘更有信心對抗「地方主義」的保護。

最大的挑戰，還是觀念從無到有的建立！

一九八〇到九〇年代，台灣也曾經歷「仿冒品」「盜版軟體」滿天飛的時代，也難怪富士康的員工隨意的傳送商業資料。而富士康在中國大陸的維權經驗，就像是十年前台灣經驗的翻版。九〇年代，台灣迫於美國貿易制裁的壓力，通過一系列修法與強力執法的過程，才開始讓知識產權的意識逐漸深入人心。

每次在台灣立法院通過著作權法、專利法等智慧財產權法規的修正案時，總引起國會的激烈對立與衝突。「長痛不如短痛。只有政府部門拋棄自以為是的『義和團心態』，堅持遵守一定的遊戲規則，企業才有可能真正創新。」一名鴻海法務主管還記得當時教授「國際法」的陳長文教授如此總結說道。

鴻海不到深圳變身「富士康」，不可能會有這樣的規模。特別是台灣中小企業對於政府的「效能」一向存疑：政府只獨厚大財團，中小企業靠韌性存活，所以「低調」生存，否則面對查稅、環境保護評估、緊縮貸款，想追求安定、安穩難上加難。

我也一直追蹤這家台資企業如何對抗地方政府和企業的聯手夾攻，沒想到隔年六月，出現戲劇化的發展，深圳市長許宗衡被中紀委人員帶走調查，並且被「雙規」，也引發政壇震盪。

根據後來媒體大幅報導，許宗衡原來是深圳建市以來被曝光的最大貪官，光是利用深圳舉辦二〇〇九年世界大學生運動會之機，大興土木，涉案金額就高達幾千萬元，這還不包括深圳民生工程、還有地鐵三號線工程等。

諾基亞手機後來也在三年內開始「消失」，但是更多大陸品牌手機出現了，就像鴻海培養了無數人才，青春和汗水，不停的投入市場，郭台銘對於深圳一直有深厚的感情，最早一代**iPhone**、**iPad**跟**Kindle**都是在這裡誕生，像騰訊、華為，誰能想到「山寨」大本營的深圳，也開始成為大陸「創新」龍頭的角色。

二〇一〇年廠區發生「連環自殺」事件，卻讓郭台銘體悟良多。他自認勞工福利傲於全廣東、甚至全中國，所謂「連環」，是指五個月內有十一名員工自殺，相對於三十多萬人的廠區，雖數據遠低於每十萬人平均自殺率，但每一條生命都是寶貴的。

當廠區超過了五萬人，其實已是一個小型的社區，一個平均不到二十三歲的小型社會，飲食男女，離家背井，當二〇〇五年深圳工廠來到三十萬人時，每一天清晨醒來，郭台銘面對著一樣未知的命運，每一天工廠熄燈，他也深覺照顧這三十萬人遠超過他的能力。

但是他希望三十萬人安定下來，把這裡當做自己的家來成長發展。

面對勞工團體和媒體的壓力，郭台銘找來了華人世界最優秀的心理學、精神科專家，對員工進行心理輔導、也請來五台山得道的法師，誦經焚香，從理性到感性各方面讓人心安定下來，面對大陸飛快成長的環境，郭台銘知道最根本的安定，還是需要從薪資所得開始，他決定再一次跨越，調漲兩倍工資一次到位，因應外在社會、經濟變化。

另一方面，他也積極和地方政府合作、開放工廠建設投資，政府成為了「合作夥伴」，一起提升效能，從此鴻海不再「神秘」（但業務依舊機密），有了地方上生活的安定，郭台銘也和蘋果電腦合作，在廠區引入學習系統，讓更多年輕人除了工作之外，還有學習上進的機會，心情穩定下來，繼續趕上內地快速變化的成長機遇。

企業家追求「安定」，講穿了還是為了追求最大經濟利益，但郭台銘知道如何維持「安定」，才能讓技術和經驗穩定的紮根，當蘋果手機快速上市，全球攻城掠地，富士康也果然穩穩支援客戶，使得客戶成為史上獲利最大手機公司。

當郭台銘開始參選，所有的經營過程都可能被做為政治人物消費的工具，像現任總統蔡英文就標榜「照顧年輕人」是她的專長，並暗諷鴻海工廠有年輕人自殺，暗諷郭不照顧年輕人。

郭台銘不但回應以總統的高度，拿往生者來當做競選語言是不適當的，也直接透露了他四十五年來創業，心中最沉重的痛，自己也曾是一個年輕人，從創業到領導，經歷過全球不同世代的成長衝擊，他更能傾聽年輕人不同的需求，年輕人的感受，年輕人對未來的期望，這是國家領導人的任務。

光是在深圳，他經歷上百萬上千萬的十八歲到二十八歲年輕人走出工廠，走向社會，郭台銘認為，政府最重要的任務，是讓人民有希望，一切作為都能夠讓年輕人有未來，尊重年輕人的生命，也尊重年輕人未來的發展。

如同不到十年，台灣社會高度動盪。從政治上二〇一六年大選國民黨敗給民進黨，經濟上美國保護主義迅速破壞全球化，台灣內部社會貧富分配不均，文化上民進黨推動「去中國化」，讓年輕人出現認同危機，從此兩岸不再安定。

更重要的是，人工智能時代接著5G時代來臨，台灣能否跟得上大數據，區塊鏈帶來的轉型，台灣會被「邊緣化」，年輕人也會被「邊緣化」。

六十八歲的郭台銘認為，如果能挺身為台灣做事，讓經濟成長，讓年輕人看見未來的希望，台灣就能安定進步，和平統一更有保障。

過去政界朋友徵詢我、日本媒體朋友常訪問我，我一直認為郭台銘不會參與選舉，因為他說話太直、個性太真、做事太衝，不適合台灣的選舉文化，卻適合在快速變化的市場上經營科技業。

兩個多月前郭台銘個人「臉書專頁」（Face Book）正式開始，現在郭台銘「速度」更快，開台以來點擊數迅速突破百萬，每一則留言都有專人（台灣叫小編）閱讀回應，所有關於「鴻海」（富士康）或郭台銘的資訊。

可以不用透過其他中介媒體，直接從臉書得知，這也意謂著資訊「一對一」時代來臨（台灣人叫直球對決）。

台灣企業家用即時軟體溝通仍極少，現在郭台銘真的「下凡」來，傳播科技愈來愈發達，在全球媒體「假新聞」充斥的年代，郭台銘選擇了完全「透明」。

誠如他在參選宣言過程之中的重點，絕不接受國民黨的「徵召」，必須按照透明公開公正的初選規則，公開辯論，爭取黨內代表，郭台銘認為這也是找回「黨魂」最重要的模式。

透明化，是最大的安定。郭台銘講究效率，和員工溝通、和客戶溝通、和投資人溝通、和供應商溝通、和媒體溝通，資訊愈透明，關係愈安定，最後，和選民溝通。

從台灣命運，到中華民族發展，郭台銘提出「和平／安定／經濟／未來」的主軸，反映了企業家最終的信仰，也期許自己挺身參選，讓惶惶然不安的台灣民心，特別是年輕一代，有一股安定向上的力量。

從企業到政治，仍需要一個過程，這是一次台灣「精神文明」再建設，仍需要安定的基礎，在「感性」上從「媽祖」要他出來故事鋪陳；從理性來看，他選擇了重新揭櫫孫文天下為公思想，是跨越百年的革命理念基石，也是科技領導者走過全球競爭，對台灣社會乃至下一代的責任和思考。

不過我認為郭台銘出來參選，最重要必須說服的人，還是他自己。雖沒能完全說服自己，卻已「託夢」完成，這是人的謙虛，也是面對未來的勇氣。

第六章：8K新世紀

上午十點多夏普社長戴正吳和人在台灣的郭台銘開視訊會議，郭台銘聽到有一位年輕人才要離開，當天下午馬上就坐飛機至日本，和面板事業部這位年輕人當面懇談，當晚更和整個面板單位召開動員大會，代表鴻海留才的決心，也感動了這名年輕人。

二〇二〇年東京奧運，不但決定日本走出低迷經濟，更將重劃東亞未來二十年發展格局。

上一次東京奧運是五十六年前，亞洲第一次舉辦奧運，工業和科技並進，豐田汽車和松下電器走向世界。全世界看見日本經濟從二次大戰後復甦，超越德國和英國，這也是郭台銘為什麼要進軍夏普的重要原因。

「我們要用8K讓世界大開眼界！」郭台銘完成併購簽約完成的那天晚上，自信描繪未來夏普和鴻海合作的願景：鴻海過去沒有品牌，卻有支持全世界最好IT品牌的經驗，夏普有領導世界優秀技術，鴻海有強大製造能力，雙方不同深度互相結合，全世界最適合經營夏普的公司，就是鴻海。

所謂8K，是指畫素達到4320P（7680×4320），是FULL HD十六倍，自然界色彩過去無法在屏幕上呈現的色域，都可以重新還原，我記得夏普中國總經理孫月衛就直接和我比喻，人們就像有了老鷹眼中的影像。

從一九九五年進入8K研發，稱為Super Hi-vision，二〇〇七年由日本電影電視工程師協會（SMPTE）將8K影像格式列為數位視訊標準，日本總務大臣石田真敏二〇一七年明白表示，日本希望能在8K播送中取得全球主導地位，預計二〇二〇年東京奧運帶動全球8K市場。

東京奧運賽事背後的科技戰，才是國家戰略目標。從二戰結束，日本僅用了二十年時間，一九六七年日本的經濟規模超過英國和法國，一九六八年更超過當時的西德，成為僅次於美國的第二大經濟體！

日本以國家的高度來支持8K發展，日本國家公共電視台NHK在二〇一八年十二月一日，正式透過衛星進行8K與4K頻道內容放送，成為全球第一家以8K解析及22.2聲道播送內容的電視台。

像東京奧運將首先導入「日本電氣」（NEC）人臉辨識系統辨識身分的影像系統，從選手、觀眾到工作人員和官員，刷臉進場，整個過程約能快上二點五倍的時間，日本走在時代前端，為的就是要迎接二〇二〇東京奧運，吸引約四千萬名外籍客來日本。

如果奧運是國家的行銷，8K就是最重要工具，可以想見夏普經營不善，但日本政府到民間，多麼不希望夏普被國外企業所併購！

從二〇〇五年鴻海成立群創，因為郭台銘開始「定義」面板做為電子業的「戰略物資」，如果未來鴻海要全球佈局，就要掌握物資供給來源不斷。

所謂「物資」，就像油、米一樣，每日不可缺少，當所有電子產品都要用面板來觀看陳列、觸控使用時，面板就是「必需品」。

郭台銘進一步將液晶面板（CRYSTAL PANEL）細分成「十一屏」，包括「第零屏」的穿戴式裝置、「第一屏」手機屏幕、「第二屏」平板電視、「第三屏」NB、「第四屏」PC、「第五屏」平板電腦／手提電視等，都是在三十吋之下，卻會有各種彎度或圓形方形等不同尺寸變化。

但是從「第六屏」開始，像傳統電視走向輕薄、「第七屏」教育平板、第八屏平板廣告，至第九屏的電動車及第十屏機器人，如果將這十一屏串連起來，可以產生更多大數據，配合鴻海未來全面性的成長，並串連十一種屏幕端的產品，利用「三網」相連，打造BIG DATA（大數據）。

至於三網指的是「互連網」、「物聯網」和「智慧電網」。這也是郭台銘提出的「十一屏三網二雲」的新概念，二雲是指雲計算，包括公有雲和私有雲，也為鴻海未來的轉型做出註解。

人工智慧，其實和影像脫不了關係。更精確的說，有了影像，能夠讓機器更深度的學習，影像又透過面板來表達，日本七〇年代不但成為電視王國，更成為家電王國，但是最近十年世界「液晶王國」的崩壞，主要有三：

一是個人電腦帶動全球數位革命太快；二是韓國三星崛起；三是夏普轉型投資太慢。如同每一次景氣循環，不同世代產品帶動，面板產業也有「液晶循環」（CRYSTAL CYCLE），要看得準循環週期不易，每一次週期都要加碼數億美元的投資，更加不易！

鴻海基本業務有三大「C」：電腦（Computer）、通訊（Communication）和消費電子（Consumer），從十年前郭台銘就強調「消費電子」產業有三大特性：週期短、數量大、價格變化快，正是鴻海的強項，背後的關鍵人物是鴻海副總裁、後來成為夏普社長的戴正吳。

包括日本軟銀推出機器人Pepper，就是由孫正義和戴正吳共同開發出來，他對日本媒體表示，自己也是用「鴻海精神」全力以赴到日本負責夏普，當日本媒體不友善的詢問，會不會將技術外流出去，戴正吳馬上回嗆，只有日本人把技術流到韓國和大陸，台灣企業絕對不會。

戴正吳加入鴻海三十年，他領導的部門沒有一個月曾經虧本過。從我跑鴻海的第一天就認識「戴桑」，他是鴻海少數可以聊上兩句、又不會透露任何業績口風的經理人，不過他卻會點出產業的方向，讓外界可以觀察市場的趨勢。

戴正吳從當時大同工學院畢業，很早就到日本受過訓，又自修日文，他記得四十年前，第一次到日本受訓，被送去日本東北外海的一個小島，叫做「佐渡島」，等於是日本偏僻的「火燒島」一樣，而且是在最冷的一月，冰天雪地下，他在那裡學習經營半導體的生產技術後，再回到台灣，後來加入鴻海，三十年來學到全球化的經營管理。

夏普從兩千年起就是全球液晶產業龍頭，二〇一七年歐洲IFA展上只有夏普一家展出8K，包括三星、SONY、LG、Panasonic等大廠，二〇一八年已準備和夏普展開正面的對決。鴻海的強項正是能夠很快將技術商品化，夏普很好的技術，卻沒有「後段」大量製造支援完成，鴻海未來正是扮演這樣的角色。

夏普已經一百歲，鴻海才四十五歲，收購日本的公司，郭台銘形容自己是「第三度創業」。

第一次創業在土城，第二次在深圳，這「第三次創業」，除了以三十億美元併購日本夏普公司，還要完成一萬七千名日本員工的整合和融合，我回憶二〇一七年夏普通過鴻海入主公司的第一場股東大會上，感受到不只是經營團隊的整合，還包括所有股東，乃至於全日本社會對於郭台銘都抱著不置可否的態度。

二〇一七年的六月二十二日，先是日本記者陸續來台灣，來採訪鴻海股東會，因為二十三日接著就舉辦夏普的股東會，日本媒體尋找不到鴻海的訪問對象，所以有好幾家媒體找上了我，基於協助同業立場，我也馬不停蹄受訪。

從日本同業的問題中，可以感受到對於外來企業的不友善，我也必須對日本媒體點醒當今日本企業面臨的問題，從策略到規模，跟不上「液晶循環」，那是資金和市場的綜合研判，從這個角度來看，鴻海是一個最佳選項，我溝通的目的也是讓同業了解鴻海也在轉型過程，過去鴻海是代工OEM的文化，要低調的躲在品牌客戶後面，現在必須學習從何溝通、溝通重點，更不用說和媒體共處。

也是基於「平等原則」，既然日本媒體來台訪問，台灣媒體也應該到日本直擊，事實上台灣媒體更應該關心夏普會不會拖累鴻海，畢竟太多未知變數，所以我隔天也直飛大阪採訪夏普的股東會，併購品牌常常是「無底洞」，太多企業因為併購失敗，鴻海又能夠真的說服日本股東嗎？

事實上員工和股東也會受到外在日本媒體的影響，但鴻海沒有經過股東會正式入主，無法和夏普員工直接溝通，員工只能從外在的報導對鴻海了解，勢必增加彼此的磨合期，鴻海真能將日本的技術重新發揚光大？

從大阪市營地鐵四方橋站一出來，就有夏普年輕社員舉著指引牌，引導股東前往「歐力士劇場」股東會場方向，參加六月二十三日上午九點半開始的夏普「第一百二十二定期株主總會」。

這是一九一二年創立的夏普，邁向下一個百年最重要的一場股東會。包括通過鴻海投資、發行特別股及通過新任社長人事等六項重要提案決議。

從地鐵站走到會場只要十分鐘，但是沿途拿著麥克風的電視台記者和報社記者，已開始尋找願意接受訪談和發言的股東，在馬路旁就地展開訪談，比台灣大型股東會的媒體採訪更加熱鬧。

歐力士劇場對面的「新町北公園」更是股東們三三兩兩交換意見的最佳場所，初夏榧子花隨風飄散，許多股東帽子上頭髮上都沾滿了白色花瓣，去年總共有一千兩百人參加了股東會，我則是記者室裡第一位報到的台灣人，等到下午有一些同業抵達時很驚訝，他們以為我是搭「郭董專機」，事實上卻是「廉價紅眼班機」。

「很抱歉，我們跟不上世界的速度！」高橋興三率領全體董事走上劇場大舞台之後，隨即帶全員致歉，畢竟二〇一五年度夏普的營業額為兩兆四千六百一十五億日圓，大約是八千億台幣，比二〇一四年度少百分之十一．七。

這在鴻海集團每年至少成長百分之十的標準下，正好形成「反指標」，更不用說最終虧損兩千五百五十九億日圓，約合七百六十億台幣！

高橋興三在開場報告中再次確認虧損數字，緊接先是監查報告，高橋再做表決事項前的「事業報告」，其中包括目前IGZO面板加速生產、空氣清淨機和機器人RoBoHoN的市場優勢及「中期經營計劃」。

「中期經營計劃」主要是由野村勝明來報告。野村勝明是夏普新任執行董事、也是副社長執行役員（執行副總裁），並兼任夏普總社的經營企劃本部長和東京支社長，是鴻海入主夏普之後的第一位擁有實權的經理人。

主要是因為二〇一二年鴻海董事長郭台銘以個人名義砸下兩百億台幣（六百六十億日圓）入股日本堺市十代廠ＳＤＰ（Sakai Display Products Corporation）之後，野村勝明就是郭台銘倚重的左右手。

「中期計劃」是從二〇一五年到二〇一七年，主要包括三項：一是事業本部的再構築、二是成本費用的節流、三是組織效率的再強化，接者就是引入鴻海的力量來改造夏普，推出具有世界競爭力的商品。

野村一九八一年就進入夏普，他向股東點出夏普和鴻海相乘的綜效：包括夏普有長年累積整合經驗、鴻海有全球穩定的客戶；夏普有獨特的技術、鴻海有強大的製造生產，讓兩者的技術開發能力都能相得益彰，從面板的成功，延伸到夏普其他事業領域。

鴻海入股夏普之後，總部將遷往大阪堺市。而野村仍續兼任堺市十代廠SDP會長（董事長）一職，野村特別強調「人工智能」（AI）和「物聯網」（IOT）結合成「AIOT」，將是夏普的強項，讓各種家電功能重新獲得提升，加上背後的鴻海雲端大數據，呼應了郭台銘的「雲移物大智網」，也成為了「新生SHARP」的靈魂。

「新生SHARP」第一戰，面對充滿疑問和不滿情緒的股東，最特別的是，參加夏普的股東會有許多是夏普退休或離職人員，包括各工廠的退休人員和海外事業離職員工，所以對夏普有一定了解，再加上坊間各種媒體的報導，所以日本股東問起問題相當犀利。

參加股東會人數有一千零九十二人，整個上午股東的問題主要分成四大類，包括夏普經營層和新股東談判的檢討、夏普重建策略的可行性、對鴻海經營的疑慮及夏普品牌的何去何從，而這也正是郭台銘改造夏普的四大方向。

首先針對「經營層」在過去兩年，為什麼沒有大幅改變？夏普已連續四年沒有分配股東股利、連兩年出現巨額虧損，財務進入惡性循環，有一位股東發言甚至以「可恥」來形容。

另外還包括和JDI談判、日本主要債權銀行關係和夏普未來高額負債的對應，高橋社長主要讓經營管理本部長、也是董事的橋本仁宏來回答。

橋本仁宏在加入夏普前任職日本銀行業三十四年，最後八年都在三菱東京UFJ日聯銀行體系，也是後來夏普的債權銀行之一，退休後就進入夏普董事會，也是這次贊成鴻海入股一派、力退JDI的關鍵人物，但是他不會加入新的董事會。

他以鴻海的互補性是「最佳條件」選項來說明財務工程的談判過程，至於收購談判過程中眾多的疑惑，和外界經濟條件一直變化有關。後來外界更清楚日本銀行團在鴻海併購夏普中扮演的關鍵角色，免於讓夏普下市，併入國有企業，甚至血本無歸。

不過這四年來談判的陰影不在「透明度」，而在於為什麼鴻海最後少出了一千億日幣？這點一直是小股東們情緒投射，也造成日本各界和媒體普遍對於鴻海的印象，包括「或有負債」的轉折，高橋則回答以經營過失最終「請辭社長」下台負責，而談判過程中，也連結了人才跳槽的問題，股東們多視為資產的流失，都直指經營團隊需負起責任。

也是在這樣過程中，透露了郭台銘精明和不卑不亢，不會因為想要買下夏普的技術而隨便開價，輕易妥協於對方開價，反而是寧願放手，直到夏普願意負責所有虧損，才願意出手併購，兩次讓談判差一點破裂，郭台銘的最高談判準則，「想要面子的人，裡子也會輸掉！」

日本股東主要問題，還是夏普未來如何追趕韓國、對抗本國對手JDI，包括鴻海和夏普合併之後，仍還沒有通過中國「反壟斷法」審查，未來發展仍有變數。這時也有股東開始發言，支持經營層和鴻海合作正確性，縱使經營能力不佳，開始有股東發言：「很欣慰地能選擇鴻海！」

高橋回答中強調鴻海的「全球客戶群」是夏普反轉最有利的後盾，包括沉寂已久的高科技及半導體團隊，面對強敵競爭，他相信「新生SHARP」可以一次趕上！這時股東席上開始出現了掌聲，為經營團隊加油打氣。

另一類日本股東質疑，則在夏普未來品牌經營的疑慮；首先就有股東拿出媒體調查指出，鴻海投資夏普之後，會流先三分之一的消費者市場，高橋則直接回應，夏普也有自己的市場調查，包括4K電視和冰箱的銷售，並沒有如外界所說的現象產生，要股東們有信心。

另外，也有股東希望夏普的行銷和廣告，能夠進一步「年輕化」，推出的廣告不要「尊貴」的高不可攀，像前社長町田勝彥啟用日本明星吉永小百合，是以演技和修養著稱，但和流行市場脫節，應該多仿效松下電器Panasonic的活潑廣告。

也有股東認為，現在面對老齡化社會應該重擬所有戰略，不能忽略老人市場，包括老人看的大電視屏幕，都應該繼續開發。

最多一類的問題還是針對鴻海經營的疑慮，多是野村勝明來回答。

首先是股東質疑鴻海在全球範圍內裁員七千人，雖然削減成本，改善財務結構，但會把組織改得面目全非，甚至大卸八塊；但是也有股東認為，鴻海引進「信賞必罰」的文化，能讓夏普改頭換面。

針對夏普的海外戰略，未來若要把海外重心放在深圳，那是接近「中國人民解放軍」的地帶，日本和中國關係並不穩定，未來會不會有經營風險；再者，這四年來談判過程中，部分日本民眾對郭董「不按牌理出牌」的印象，經營團隊可以適應嗎？

「降低成本只是第一步，也是夏普從根本上重獲競爭力最佳途徑！」野村強調，鴻海買下了大部分股權，仍希望保留夏普品牌，就是希望這個品牌未來更好，野村充滿信心的回答，再次激起了現場股東的掌聲。

事實上根據日本議事規範，主席高橋有相當的發言制止權，但高橋充滿耐心讓股東一一暢所欲言，一直到十二點四十三分完成議案通過，一九一二年創立的夏普，正式通過戴正吳成為社長，成為夏普百年歷史上第一位外國人，這名來自宜蘭、苦讀出身的台灣工程師，以能力和戰功坐上了國際品牌的大位。

這些股東的問題，戴正吳都同步在另一間會議室觀看，因為他還沒有正式投票任命為社長，但是這些方向就是戴正吳改革目標。當天股東會戴正吳就指派另外兩名新任外部董事：中矢一也和石田佳久的任命也順利通過。

中矢出身Panasonic，石田出身SONY，能打破日本各大集團之間經營者的鴻溝，而且不同集團的人員直接進入董事會，這在日本業界是不可思議的事情，也說明了郭台銘打造「新生SHARP」的決心，「新生SHARP」是一種融合更多元、宏觀的文化。

對於日本媒體最喜歡的人才流失題材，就是人才不願待在被台灣人治理的公司，戴正吳透露，有一次一位優秀年輕人才想要離開，當天上午十點多戴正吳和人在台灣的郭台銘開視訊會議，郭台銘聽到了之後，當天下午馬上就坐飛機至日本，和面板事業部這位年輕人當面懇談，當晚更和整個面板單位召開動員大會，代表鴻海留才的決心，當然也感動了這名年輕人，這說明郭台銘如何重視年輕人才。

所以戴正吳對於夏普留住人才十分有信心，甚至還有人才會主動回流，像有一位負責事務機器公司董事（商務解決方案Business Slution事業統轄人中山藤一）雖然辭職了，但是戴正吳從同事之間了解中山其實能力很不錯，而且是賺錢單位，大家也都很懷念他，所以戴正吳反而請他回來夏普。

戴正吳和日本媒體強調，鴻海絕對有能力經營夏普，也有廣納人才計劃，但那些不合適的主管，夏普也不用強留，郭台銘也絕對支持他的改造計劃。

按照戴正吳的想法，夏普是在現有的技術基礎之上，繼續在鴻海的製造平台成長茁壯，第一是成為全球ＩＯＴ最先進公司；包括夏普的半導體非常強，但是沒有錢繼續投資，因為過去十年都把資金放在面板上，否則感知元件、雷射半導體元件，都是一流的公司，也是現在機器人、ＩＯＴ最需要的關鍵零組件；其次是打造健康環境的公司，夏普也深耕已久。

在市場流失方面，夏普雖是一國際品牌，但近年來主要的獲利是來自日本本國，像家電中的電視之市場佔有率百分之四十以上，但最大虧損則來自海外、特別是中國，所以戴正吳和同仁一起調整組織，針對海外銷售的弱點，重新成立海外銷售總部，降低海外成本。

戴正吳把海外總部放在深圳，一方面針對中國部分的虧損，一方面接近鴻海，共同努力創造新的文化，深圳是鴻海投資中國、發跡成功的大本營，現也是研發中心，會對夏普帶來極大助益，另外，戴正吳也傾向打造全新的行銷模式，不走傳統的通路來推動全球品牌。

夏普股東會當天我回到旅館房間打開電視，各新聞頻道打上「夏普納入鴻海傘下」（旗下），東京交易所一部馬上也給「新生SHARP」一個大大鼓勵，股價以一百三十六日圓做收，比前一交易日收盤價大漲百分之八．八。

為了延續夏普８Ｋ競爭力，戴正吳延攬有豐富播送經驗的西山博一，擔任８Ｋ生態鏈推進室長，西山曾經擔任過ＮＨＫ的董事，對於影像產品規格和策略相當清楚，西山指出，８Ｋ的畫素是2K FHD的十六倍，更能呈現4K OLED無法到達的極致寫實，絕對是未來市場主流產品。

二〇二〇東京奧運之後，還有二〇二二的北京冬奧會，都是8K極佳的舞台，而8K的後面，還有5G和AI人工智慧等助力，像日本電信龍頭NTT已在二〇一七年在晴空塔上使用5G傳送8K影片測試成功，預計在二〇二〇年前能配合東京奧運轉播。

從二〇一九年開始，夏普社長戴正吳宣佈直接身兼中國夏普最高指揮官，畢竟過去外包給中國市場團隊，無法展現夏普在技術上的質感，中國又是夏普重兵投入之地，從通路到產能的協調，從品牌和顧客的關係，並非原本鴻海集團的資源所專擅，特別是在全球化時代中亞洲，中國和日本的合作競爭，是決定經濟發展的重要關鍵。

而郭台銘可能沒想到自己「第三次創業」，可以這麼快速以技術和品質，帶領「品牌」重新站上世界舞台。

二〇一九年三月，夏普公佈了年度報告，接手短短一年多的時間，就讓夏普虧轉盈，並且順利重回東證一部，創下日股歷史紀錄，面對大量失血、虧損連連的夏普，原本過去夏普欠銀行團的兩千三百億日圓，也在近日將要全部還清。

這是靠夏普自己完成的奇蹟。戴正吳說，「鴻海注資的現金，現在一毛錢都還沒有用到！」

戴正吳一開始到夏普參訪時，就發現董事們對於資訊產業的遊戲規則還是很陌生，可能是日本企業很少用股票選擇權激勵員工，但戴正吳在消費電子產業走過四十年，決心引導事業群轉型成「利潤中心化」，一定要做到獎賞分明，要求各單位徹底的「分社化」。

就和鴻海一樣，從各次集團、各事業本部、各事業群主管，主管如果能力不行，讓單位虧本，就只好走人，就像鴻海不允許虧本，「股東更不允許虧本不是嗎？」戴正吳曾反問日本媒體，過去三年夏普經營不佳，總有一些人要負起責任，如果主管因為虧本負起責任而離開，外界誇大說成人才流失，他個人並不認為合理。

夏普能穩定下來，連續三年開始獲利，戴正吳最感謝，也最佩服的，還是郭台銘的氣魄和眼光。

面板產業毛利率低，卻資本密集，背後都是銀行財團，或是由政府策略在背後支持，但只有在台灣，是由郭台銘個人投資，因為初期風險太大，郭台銘希望先保護小股東權益，但是做電子產品，不能一天沒有面板，所以他願意花個人的錢，來鞏固並確保鴻海長期的發展。

「我也沒有想到有一天，自己會成為全球液晶面板最大的投資人！」郭台銘說，併購夏普，還是從長遠安定的眼光來佈局，也希望股東未來能看到長期利益。不要因為一兩塊股利而損失，全球頂尖高科技最佳的合作夥伴，就是和鴻海搭配。

但夏普社長戴正吳沒有想到二〇一六年才剛剛卸下鴻海董事的職務，二〇一九年又要

「重回」鴻海董事會。

原來這是因為郭台銘預做安排，如果他競選中華民國總統，一方面無法擔任董事長兼執行長的工作，更無法參與顧及海外事業，乾脆改組董事會，我認為他各地最有戰功的老臣「回防」，一方面看好鴻海下一步成長，也讓國際級大企業更加緊密。

因為戴正吳這樣的專業經理人，能讓郭台銘執行「分權分立」（見第十一章），開始做自己「有興趣」的事。

記得二十年前訪問郭台銘，他已經做出「生涯規劃」，四十歲以前，為錢工作，不要太高調；第二階段，四十歲後是為理想工作，第三階段從六十歲開始，是為「興趣」而工作。

沒想到他在六十八歲這一年，真的往「興趣」去走。而且這興趣竟然是做「總統」，若有人問我，你採訪他二十年，他的興趣是什麼？我的答案是「去做別人認為不可能的事！」

但是「不可能」的背後，其實就是許多努力堆積而成，鴻海的毛利率不高，管理轉換的能力更加重要，加上科技公司內部一直比較強悍，因為產業競爭激烈，對外接班繼任者也面對產業景氣的逆風，如果戰功不足，對內會有威望不足以服眾的難題，電子產業接班態勢也格外艱辛。

過去二十年我一直對於科技公司「交棒」這件事心存質疑，因為一般企業的管理都面臨專業經理人和家族所有權的困擾，何況「交棒」也是科技公司最不安定的因子，卻也是必須面臨的課題，人不可能永遠保持顛峰，企業也一樣，科技公司更難接班的原因有三：第一是技術；第二是速度；第三是市場的判斷。最後，如果繼任人選無法像前一任一樣打拚，光榮很難長存。

不過，國外科技公司有蘋果的接班、微軟的接班，都有不錯的結果，蘋果創辦人賈伯斯交棒庫克，之後蘋果股價還一度創歷史新高。

國內方面，從大立光到台積電，每一步都戰戰兢兢，現在，輪到鴻海了！

「在最難的時侯交棒，他們可以學到最多！」郭台銘為了參加總統初選的過程，決定退出鴻海經營，只當大股東，把經營的棒子，交給了共同奮鬥的團隊。

像戴正吳從二〇〇〇年就擔任過董事，但為扛起夏普責任二〇一六年辭任董事，二〇一九年全球經濟不確定因素多，郭台銘選擇用「分權分立」，組織經營委員會的方式放手交棒給主要事業集團的負責人，藉此接受歷練，包括戴正吳也回任鴻海董事。

誠如戴正吳回顧鴻海集團注資夏普，預備的資本其實沒有動用，證明夏普的幹部其實可以自己救自己，只是管理不善，「台灣的問題也是，也要自救。」戴正吳語重心長的說。

鴻海過去幾十年來培養的人才，也開始挺身而出，從某個角度來看已不是為錢工作，而是為鴻海成為科技業典範的理想而努力，在一個月的時間之內，可以將整個鴻海集團交棒，這也是郭台銘十年來轉型的成果。

第三部．．知識經濟

經濟，走向高附加價值的創新經濟。更重要的是，美國未來也會有「彈性」關稅！像川普和大陸、墨西哥及日本談判，會有不同階段、不同的稅率、針對不同的產品，這都要看市場和經濟體的整合和發展，這是全球化市場，加上資訊網路發展必然結果。

第七章：智能駕駛高速公路

充分規劃後，實際上路，才知道有哪些問題。智能駕駛的高速公路上，會出現哪些問題，不需要美國公司告訴我們，更不需要大陸公司來指導我們，創新和試驗精神是台灣的能量，串成一個實驗島鏈！

很難想像不到二十五年時間，世界貿易組織WTO時代畫上問號，那是陪伴台灣企業全球跑透透的遊戲規則。

二〇一九年坐在總統府裡的蔡英文，當年青春洋溢、冷靜果決的代表台灣參與談判過程，也是她能夠更上一層樓的政治資本，卻沒想到全球「去中心化」（Decentralization）進程如此快速，誰還需要透過大會組織討論、步調「一致」的發展全球經濟？

誰會把WTO送進歷史？我認為不是川普，不是關稅，而是網路、是手機、是每一個國家內部新世代崛起的呼喊。當然，川普從二〇一八年開了第一槍，揚言退出WTO，郭台銘就注意到了。

「WTO是最差的貿易協議！」川普直接公開表明要退出WTO，全球最大貿易組織，一九九四年在日內瓦創立，川普已經開始繞過WTO，除了開徵鋼鐵鋁材關稅，更表明由於歐盟向空中巴士提供補貼，美國將對一百一十億美元產品開徵關稅。

在十四個國家都有工廠，鴻海全球員工數一度高達一百二十萬人，從中國到印度，從巴西到捷克，全球前十大雇主，也是電子業中雇用員工人數最多的公司，郭台銘二〇一七年曾表示，全球員工人數維持一百萬是一種「常態」，才能應付全球不同市場成長變化的需要！

鴻海全球佈局，代表台商尋找出路的能力，郭台銘白手起家，當台灣還受困於中美博弈時，郭台銘已經展現他調動大軍的能力。

如果川普破壞WTO制度，將造成全球性的浩劫，歐盟最高貿易官員西西利亞·馬爾姆斯壯（Cecilia Malmstrom）就表明，全球貿易回到「叢林法則」，唯有「最強者才能生存」。

我想這就是川普想要的吧，每一個國家都希望最壯大時，爭取最多資源，不只是美國，中國也是，這場WTO浩劫，將遠大於中美關稅大戰。這也是郭台銘開始跳腳，台灣政府竟然還對人民宣稱經濟一切安穩，台灣有足夠的資源面對。

「我如果一月十一日當選總統，我十二日就飛美國！」郭台銘忿忿的說。事實上從二〇一八年年底，美國已開始和多個國家簽訂自由貿易協定，墨西哥、韓國、日本到澳大利亞、加拿大也會加入，美國以一對一談判後形成的新聯盟，將超過全球百分之七十的市場。

美國開始孤立中國，美中兩個系統開始成形。當美國總統和墨西哥簽約時，郭台銘其實已忍不住參與「重塑供應鏈」的計劃，關稅決定了生產出貨成本，鴻海在墨西哥有兩萬名員工，組裝各種電子產品送進美國。

這也是為什麼郭台銘會成為自由貿易區的「專家」，甚至開「個人直播」，就是談「自貿區」。因為國際貿易環境走向「保護」主義，WTO勢將走向式微，不要說國家為了維持競爭力，連企業都必須找出路，特別是「科技壁壘」，其中一個策略就和「自貿區」結合。

並非每個國家都有設置「自貿區」基礎，郭台銘就指出有三大條件：一是本身必須有從事貿易的深厚基礎；二是在產業供應鏈中有著不可被取代的位置；三是設置自貿區，必須鄰近一個大市場，有很好的地理交通位置，例如台灣或是墨西哥。

第一個條件，誠如本書第一部談到台灣對中美日各國都有長久貿易關係，台灣一年對美國有三百億美元的「出超」，所以美國對於ＦＴＡ的要求不同，反觀台灣對日本有五百億美元「入超」，台灣應該在這樣的基礎上努力減少赤字，更不用說台灣對中國大陸有八百億美元的「出超」，對香港九百億美元「出超」，未來要如何調整。

第二項條件就是台灣的科技能力，特別是半導體，足夠打造的供應鏈技術核心，讓全世界都無法忽視台灣；第三項是從市場角度來看台灣，定義自貿區的方向，不只是大陸，還可以連結到中東、往南開拓，所以郭台銘正式在電子電機同業公會演講上，宣佈他的經濟策略方向：「東進、西和、南拓、北接」。

郭台銘說，如何利用自己的關鍵位置，應付壁壘分明的全球市場，贏得未來競爭，策略如下：

「東進」：透過台美簽訂ＦＴＡ，讓台灣製造業大舉前進美國，不只是鴻海台塑，還有中小企業一起建立新的「台美供應鏈」，彌補美國製造業缺口，協助川普「達標」，實現「再次偉大」的美國夢。

「西和」：最高目標就是「追求和平」，和中國大陸密切合作，在大陸轉型升級之際，協助大陸拚「六穩」，分別是「穩就業、穩金融、穩外貿、穩外資、穩投資、穩預期」，六穩之中，至少有外貿、就業、外資等三穩，需要台商，所以郭台銘還加了一句，他認為要「第七穩」：要「穩台商」。

「南拓」：台灣透過FTA進軍東南亞、印度、西亞（中東）市場，開拓台灣「後廠」，帶動亞洲經濟成長樞紐。像印度要發展經濟，必須建立製造業基礎，台商應以製造能力優勢及早佈局。

「北接」：主要和日本合作。台灣可以協助日本技術來開拓大陸市場，並且扮演「守門員」的角色，將關鍵技術留在台日，但產品輸入大陸市場，創造三贏。

郭台銘用這四方向來畫簡單的圖表，解釋台灣如何從這個方向來強化供應鏈，這是中美貿易戰爭後的改變，「供應鏈會被要求更強悍和更有彈性，大，不再是唯一勝算。」郭台銘說。

大，代表產能、代表成本、代表議價能力，是快速進入市場的勝利方程式，所以創造郭台銘著名的「出海口」理論：就像海納百川、萬流歸宗，如果下游的出海口愈大，就可以容納更多、更快的河流，生產效率就可以整合得更好，從手機組裝到面板模組，都靠「出海口」迅速壯大。

所謂「彈性」，則是指供應鏈所生產的商品數量、商品種類、還有商品規格都可以做不同程度調整和改變，不像過去一條生產線，只能生產一類產品，而且大，比較不容易改，客戶如果針對其他市場需求，調換生產其他產品，至少還要三個月時間。

更重要的是，美國未來也會有「彈性」關稅！像川普和大陸、墨西哥及日本談判，會有不同階段、不同的稅率、針對不同的產品，這都要看市場和經濟體的整合和發展，這是全球化市場，加上資訊網路發展必然結果，未來的生產，也要隨之變化，充滿各種變化可能。

這也意謂著美國「重塑」供應鏈，還有很多的基礎建設要做。從廠房設計到人員訓練，台灣的中小企業，其實早就「枕戈待旦」。這名詞好像有些打仗的意味，但是從訂單消長的數字，像中部機械業者早有警覺，一下子掉了百分之三十訂單，全球化中固守台灣，他們很有經驗。

「台灣在工具業上排名第四，次於德國、日本和義大利，但是我們卻是唯一沒有打過二次世界大戰的國家喲！」全國工具機協會理事長許文憲驕傲的說，工具機佔台灣出口三十三億美元，等於千億台幣，一直是台灣重要的外匯來源，沒有經歷產業外移，但這並不表示他們故步自封。

為了根留台灣，他們反而必須和世界牢牢接軌，就舉德國漢諾威工業展的例子，他們觀察人工智慧已經融入了展場，全世界都在擁抱改變。早從一年前開始，鴻海其實就邀同業一起參與產業的變化，並且分享過去累積的經驗，再一起尋找合作機會。

過去郭台銘常常稱自己是機械業者，坦白說，我一點都沒有感受，因為他的客戶都是電子業，現在全供應鏈上中下游，包括工具機業者看到了全球出現科技壁壘，未來供應鏈將重組，印證了郭台銘的呼籲「美國視中國為科技上的競爭對手」，將使中國科技產品製造發展重新調整。

台灣共有兩百四十六個工業區，百分之六十在中部，台灣工具機產業以市場反應、品質和交貨速度聞名，從世界來看台灣，他們更佩服郭台銘的遠見，很早就來到郭台銘演說的會場等待，也讓郭台銘充滿「回家」的感覺。

郭台銘在台中和業者談台灣經濟發展，都是用「東進西和南拓北接」這主軸，當然第一項「東進」，是郭台銘最具「挑戰」的項目，當初鴻海前往美國，所有人都說他「瘋了」，現在他更說未來要率領政府簽訂兩位總統都沒做到的FTA？

馬政府任內因兩岸關係和緩，雖然和新加坡、紐西蘭簽署雙邊經貿協議，但台美FTA仍簽不成，更不要說多邊協定，不管是日本主導的CPTPP或中方主導的RCEP，更不要說蔡政府執政三年，一再聲稱台美關係史上最佳，但洽簽台美FTA一直無法成局，國際貿易協議覆蓋率只有百分之九．六。

誠如第四章提及，郭台銘早期創業跑遍美國三十二州，奠定了鴻海的「立國基礎」，與全球品牌的快速連結，如果「郭總統」快速飛往美國，要幫台灣打出什麼樣的江山？

首先，是建立台美高附加價值的供應鏈。

早在歐巴馬政府時代就啟動「先進製造夥伴」（Advanced Manufacturing Partnership, AMP）計畫，歐巴馬了解製造業「創造工作」的重要性，透過數位智慧製造等科技應用，提高製造業的競爭力，達到「再工業化」。

當時歐巴馬也對準了蘋果創辦人賈伯斯，希望他把蘋果生產線移回美國，郭台銘就證實，賈伯斯也來詢問他，郭台銘直接回答，把生產線搬回來，加錢事小，一台多十塊美元還是賺得回來，但問題是配套上下游廠商的「供應鏈」沒有呀！

沒有零件組件供應，建立生產線也沒有用。所以郭台銘在威斯康辛州，先直接投資生產所有電子產業都不可或缺的「顯示器」面板，就是要彌補這個供應鏈大缺憾，一塊面板至少佔產品成本的四分之一到三分之一。

透過日本夏普最先進的液晶技術，這是鴻海推動「美國製造」第一步，正好也配合了美國「再工業化」戰略的政策重點，聚焦大數據製造系統、先進機器人等能快速商品化的新興科技，分享美國國家級研發水準，以協同研發來降低商品化風險。

美國市場仍是全球最大的科技消費市場，美國政府為了吸引製造業回流，祭出相關的優惠來降低成本，台灣如何做為後盾，從生產流程上互相合作，打造上萬的美國製造大軍，是郭台銘面對的挑戰。

其次，帶領台灣企業前往美國工業區劃地屯兵。

製造回到美國的國家級計劃，對「蘋果」寄望甚深。畢竟蘋果和其他科技公司最大的不同，就是從軟到硬都自己來設計，蘋果不只是軟體公司，而且也是硬體公司。

蘋果執行長庫克，政治傾向比較自由開放，過去民主黨的美國領導人對於位於矽谷、同樣是自由主義傾向的蘋果領導人曉以大義。但是對製造業者來說，美國是全球最富有的國家，人均所得四．六萬美元，高成本的人工，是越南的八倍，根本無法獲利。

庫克是管理供應鏈出身，從ＩＢＭ開始就扶植供應商，知道在美國建立供應鏈，發揮群聚效應，根本是天方夜譚。乃至於供應鏈從大陸搬出來，美國總統多次找科技巨頭協商也無解，所以一直到歐巴馬下台，民主黨當家八年，不見美國製造業能夠復興。

郭台銘從一九九七年開始和蘋果合作，都在解決「不可能的任務」。從監視器的外殼，到手機的重新開發上市，但是他做夢也不會想到，整個國家的重新改造使命，已經落在他身上。

美國人儲蓄率較低，但靠著一份固定工作提供了保險和信貸，所以有份工作非常重要，創造工作不但解決美國勞工的問題，也有助於選舉，鴻海前進美國，不只是轉型升級，還要能創造「工作機會」產業，問題是把製造業搬回去美國，單純搬一、兩個工廠是不夠的，必須要搬整批供應鏈回去。

郭台銘本來想用三、四年時間，來完成把供應鏈帶去美國的任務，但是關稅戰已經開打，所有工廠都有搬離的需求，鴻海在威斯康辛州的投資是一個起步，佔有四百公頃以上的工業區，不只裝得下鴻海，還可以裝得下很多工廠，所以郭台銘認為如果其他公司有佈局的需求，他也可以協助台灣的製造業到美國佈局。

第三，當然是最重要的FTA如何簽訂。

六月十九日美國在台協會（AIT）與外貿協會共同舉辦「深化印太地區經濟與商業合作論壇」中，處長酈英傑（William Brent Christensen）直接指出，台美雙方整體貿易關係無法巨大進展，在於台灣不能解決長久以來美牛與美豬「市場准入」的疑慮。

從美國的角度來看，台灣若能夠依據「科學」行事，就能解決這存在已久的惱人問題。酈英傑指的當然是瘦肉精問題；對於台灣來看，則變成了國內農業和食安問題，這又是一個整體「比較利益」問題，社會各界看法不盡相同，最後卻需要有擔當的領導人溝通、拍案、執行和負責。

郭台銘能夠跳脫這無解的美牛問題嗎？農牧業看似和工業無關，卻也是整體戰略思考一部分，誠如酈英傑所言，全球供應鏈逐漸從中國移出，轉往東南亞、美國還有台灣等地，並不僅是因為美國關稅的緣故，愈來愈多外國公司認定，中國已不再是個有利投資的環境。

牛豬是農牧業照顧的問題，郭台銘一直在思考未來雙方農業如何合作，如何達到台美一定的平衡效果（見第十章），提出美國能接受的條件，或許就能打開問題，這也是郭台銘的自信所在，「因為我有管道、我有人脈、我有經驗，但是檯面上其他的候選人可能連要談什麼、找誰談都不知道！」

第四，爭取美國和台灣共同研發。

如果成為總統，郭台銘到美國各州就不只是為鴻海談條件，而是幫中華民國各行各業去談條件，去開發工業區，去利用北美關稅同盟如墨西哥的資源，過去三年他已經走訪了許多的美國工業地帶，也做足了帶領中華民國「東進」的功課。

郭台銘對媒體談到鴻海評估海外設廠，主要考慮三大條件：首先是市場，這一點美國是世界最大市場沒有問題；其次是當地總體環境的成本競爭力，這一點美國政府透過公共建設一再加強和稅務補貼的方式，也讓成本愈來愈低；最後則是技術人員的數量及素質，最主要是一種「製造業的文化」。

畢竟製造業已經離開美國一陣子了，要找回工廠、找回工人還算容易，但是要找回製造業需要的精神和態度，特別是高科技製造，郭台銘發現美國退休軍人是最佳的「人力資源」。

「川普總統還知道我引用退休軍人，」鴻海創辦人郭台銘展示白宮最新晤談的照片，二〇一八年美國失業率從百分之六降到二．六，使得鴻海第一年美國人力招募不如預期，但是投資美國沒有停歇，「這是正確、且符合未來經濟走勢的決定！」郭台銘強調。

引進美國退伍軍人到鴻海上班，因為美國退休軍人平均二十八歲，人生成熟階段，受過高科技武器設備訓練，重新投入製造業，不過薪資也是從六萬美元起跳，也象徵鴻海從過去三十年建立百萬製造大軍，正從「量變進入質變」。

二〇一八年鴻海營收達五．二九兆，年成長百分之十二．五，集團營收更達到六．一兆，面對全球景氣不佳的疑慮下，鴻海舉辦二〇一九年的尾牙，郭台銘特別請來台灣受訓的美國退伍軍人起立接受鼓掌，「請大家來鼓勵他一下！」

企業直接到美國投資，更可以開拓很多美國應用市場，不論8K或5G在美國生產訂單都可以拿回台灣來做，像現在美國波音公司很多航空面板也是由鴻海提供，美國政府也協助更多人員訓練。

美國願景有三項明確的經濟目標，包括「能源安全」、發展「基礎建設」和「數位經濟」，都與美台關係有直接的關聯。

要到美國設廠，對鴻海是挑戰，對其他科技公司也是如此，川普當然也知道困難重重，就像要蓋圍牆一樣，這也是為什麼郭台銘決定，不但親自前往電子電機同業工會演講，還在演講前特別打電話找台灣「電子五哥」，親自對電子五哥喊話：「過去很多人跟我有競爭關係，我現在是要來服務你們的！」

包括和碩董事長童子賢、華碩總裁曾鏘聲、廣達副董梁次震皆到場致意。「只要有問題，你就算三更半夜來我家敲門都沒有關係。」郭台銘話畢，讓台下聽眾當場莞爾一笑。演講現場猶如郭董的政見發表會，郭台銘在活動結束後更是逐桌與台下科技業者握手。

一笑能泯恩仇嗎？對手變總統能夠互換角色嗎？這群世界級的電子業領導人已經看見這場全球電子業「供應鏈」的重塑：不只是把供應鏈搬到美國、或是把供應鏈從大陸搬出來，或是把供應鏈搬回台灣，如此的簡單。

一場真正高附加價值的工程，正在開始架構，台灣經濟的新地位正在架構，郭台銘親自向大家說明，未來電子五哥們不是競爭關係，「我希望把高附加價值的生意轉來台灣！」

二〇一八年十二月鴻海股價來到七年來最低點，一兆兩千億的市值跌到八千億，集團其他二十多家上市公司有的市值慘跌過半。

同一時間，鴻海最大的客戶蘋果電腦，市值也從一兆美元跌落，一度被微軟和亞馬遜追上，蘋果的股價大幅修正，主要就是智慧手機的出貨量達到了成長瓶頸，中國市場的佔有率也被華為等品牌節節超越。二月三日，蘋果公佈了二〇一九年的第一次財報，大陸市場消退百分之十五。

「中國製造成本上升，蘋果的銷售不振，」幾乎所有的分析師緊盯著鴻海裁員或是改變計劃的進度，過去以大陸優質而低廉的人力，為全球大廠提供快速的服務，一直是「舊鴻海」過去三十年稱霸全球本錢，但種種不利因素，加上中美貿易戰讓全球景氣不明，雪上加霜，也反映資本市場對於過去鴻海營運模式的看法，已無法應付全球市場快速的動盪。

現在看起來，都是為了結構佈局，鴻海「解構」百萬大軍，寧可犧牲短期毛利，種種準備，不理會資本市場冷漠回應，不理會唱衰鴻海。這卻是郭台銘進軍「新鴻海」大好時機。「我們再怎麼笨，也不會笨到削減研發費用。」郭台銘二〇一八年十一月底接受美國博通社採訪指出，鴻海沒有縮減研發，但鴻海每年都在檢討預算。

「二〇一九年是更全面、更加提早執行！」郭台銘進一步解釋，鴻海展開「工業互聯網」變革之後，整個組織、很多員工都必須要轉型。當所有的台商因應中美貿易大戰，紛紛回流台灣時，這也是台商回流真正的策略意義。

「台灣絕對不要平庸式的經濟！」郭台銘說，台灣兩千三百萬人要從低經濟成長、低薪水、低生育等慢火煮青蛙的環境走出來，要把握住二〇一九年開始的全球世代、國家、科技價值重組的關鍵時刻。

所謂「平庸成長」一詞，其實來自國際貨幣基金組織（IMF）總裁拉加德在二〇一四年十月一場演講中提出「新平庸」（New Mediocre）時代，主要是指由於投資不足，以及低信心、低增長、低通貨膨脹所造成的「經濟惡性循環」，從而使得經濟增長低於相對平均值，就業疲弱不振，台灣現已幾乎完全符合這種現象。成長緩慢，於是餅「愈來愈小」，這是動亂的開始，這也是分配不均，但是「台灣擁有了前所未有的機會擺脫經濟『平庸成長』

的陷阱」。

協助業者轉型，這是政府重大的責任。但是台灣政府卻可能把業者回流，當做是台灣投資環境改善的勝利，彷彿有了美中貿易戰，台灣經濟將是一片「光明」，國內就業、低薪問題將因此獲得改善。

其實Google、蘋果、Facebook、亞馬遜等，早就開始下一回合科技較勁，實力雄厚的數位霸權小心翼翼準備全球權力結構的改變，市場比過去更開放、也更競爭，市場經濟才能維持下去。

二月五日，蘋果市值再度超越亞馬遜和微軟，奪回全球市值最高上市企業寶座，只花了三個月時間，但更重要的是，未來科技智能霸權的列強鼎足而立，硬體廠商也必須要跟得上服務的變化。

儘管從二〇一六年開始，鴻海持續降低蘋果營收的比重，二〇一八年蘋果仍佔有鴻海營收四成七以上，蘋果前景和鴻海息息相關，全球智慧型手機洗牌，與其說是蘋果手機遭遇瓶頸，不如說是4G應用的飽和，從X系列之後，除了提高售價之外，也開始多樣化的佈局。

像蘋果的「多樣化」，有助於鴻海轉型，過去蘋果出貨量的要求衝衝，讓鴻海喘不過氣來，現在多樣化出貨，反而強化鴻海產能的分配能力。根據蘋果二〇一九年一月份財報，儘管硬體銷售下滑，但其他服務獲利合於預期，華爾街普遍認為，iPhone銷售減緩最糟的時刻可能已經過去。

美國和中國象徵地球上的新勢力和舊勢力，台灣企業家已經做出調整，世界也開始慢慢醒來，察覺到WTO如何系統化全面失效，如同澳大利亞總理莫里森呼籲，大家必須趕快改革全球貿易規則，因為現在的WTO「無法解決導致這些緊張局勢的問題」。

莫里森告訴《澳大利亞金融評論報》，二十年前籌備WTO世貿體系建立時，根本沒有想像中國會出現並擁有超級的國有企業，引發各種競爭和合作上的爭端，即使控訴國最終獲勝，也可能拖延多年。

在科技的快節奏下，摧毀受影響行業和公司，在現行WTO規則下，也未能解決知識產權盜竊和爭議。在貿易戰發生後，全球科技版圖將開始重新定義，當然中國製造也必須重新定義。

郭台銘建議將外交部、外貿協會、經濟部整合成一個單位，為企業服務。「我希望所有的政治，都為經濟服務。」分享完自己的大戰略後，郭台銘也不忘自我推銷：「經濟、製造、科技我都懂！」

二〇一八年十一月二十四日台灣舉辦縣市長大選，國民黨籍候選人韓國瑜挑戰民進黨執政二十年的高雄市長寶座，喊得最響的口號就是「貨出得去，人進得來」，具體的政見是成立「自由貿易區」，最後也幫助了韓國瑜贏得了大選。

中美大戰持續，就是自貿區設置的溫床，從台灣短中長期利益考量，來思考自貿區的設置，不失為反轉台灣的重要一步，更可以進一步思考自貿區納入哪些產業？將產品銷往哪些國家？

過去台灣討論自貿區時，保護主義還沒興起，現在貿易戰打得如火如荼，出現了「科技壁壘」，台灣正有一定的水準跟環境設置自貿區，避免關稅衝擊，也避免產業傷害，反對者過去常常攻擊自由貿易區的設立會破壞國內經濟，那是把「自貿區」和「自經區」混為一談。

自經和自貿，最大差異在於，「自貿區」是只有對外貿易，沒有包括內銷市場；「自經區」則包括內銷市場，內銷市場才會將農業帶進來。郭台銘認為，台灣的外銷競爭力，主要還是在工業領域，例如工具機、半導體、軟體和網路等，故農業應擺最後。

全球現共有四千多個自由貿易區，台灣的特色和定位在哪裡？自貿區政策當然不是完美，因為產線能不能成功，還必須經過市場考驗，但是一味地以防弊角度來看，官員沒有作為，根本不想提出台灣經濟振興的方案。政府就只能看著經濟凋零、衰退。

把台灣當做一個平台，面對2G不同考驗，再來看「自貿區」的概念才有意義，從這個角度來看，台灣一定要爭取第一G，也就是美國高科技產品轉來台灣生產，可以和美國的供應鏈連結得更加緊密。

「當初特斯拉第一部車子，是在台灣北部這裡做出來的耶！」這是郭台銘最簡單的舉例，就是台灣有最好的人才，最低的成本，可以做出最先進創新的汽車，否則特斯拉不會從美國來到台灣。

郭台銘進軍汽車電子超過二十年，他和全球最大的電動車特斯拉創辦人馬斯克也是好朋友，特斯拉打造第一部原型車，電動車的電控系統，從馬達和電池，都從台灣開始設計，說明了台灣工業的實力。

但是美國政府也不是「省油的燈」，為了鼓勵整個電動車發展，加州政府提了四億美元以上的補助，相當於台幣一百二十億，二〇〇九年吸引特斯拉回美國設廠，提高產品自製率，而台灣雖然有人和地利之便，但政府還沒有配套措施，只能看著特斯拉關閉台灣分公司，將產線移回加州。

台灣沒有留住特斯拉，現在的特斯拉已經到上海設「超級工廠」，預計二〇二五年產超過十萬輛，對於環保還有自動化駕駛都有極大幫助，雖然目前特斯拉還是有四分之一零組件在台灣生產，但是面對大陸當地的競爭業者，台灣廠商的挑戰也愈來愈大。

所以郭台銘認為，這是下一個人工智慧來臨時，台灣政府必須提出對策和行動的時刻。電動車跑就「跑了」，郭台銘雖然覺得可惜，但不會戀棧。因為5G時代來臨，會有更多的移動交通工具可以創新，像美國加州很早就制訂各種鼓勵自能駕駛車發展的條例，甚至劃定特別區域，設置無人駕駛高速公路，來測試各種創新想法，更接近實際的應用。

從車與車的感測、速度和距離的變化、軟體到硬體，到人工智能的限制和立法，台灣的科技和社會的能量，可以更快的整合虛擬和行動，所以郭台銘迫不及待趕快在台灣設置一條真正的智能駕駛高速公路，充分的規劃之後，實際上路，才知道有哪些問題。

有了創新試驗，那些問題，不需要美國公司告訴我們，更不需要大陸公司來指導我們，創新和試驗精神是台灣的能量。

台灣經濟的發展，更需要一條智能高速公路。從創新設計出發，用自貿區連結全球，郭台銘看見的其實已經不只是生產而已，整個島嶼都是一個試驗創新島嶼，是一個創意的活火山，如何引爆，如何連結起來，台灣領導人就是要拚這個目標。

第八章：5G價值鏈

台積電進入更先進的3奈米製程，新的工廠會用掉台灣十分之一的電力，同一時間韓國三星也投資一千億美元，要取代台積電的地位，背後還有二十座核電廠做後盾，台灣領導人要如何突圍？

那一年六月夏天很炎熱，上海張江工業區已是一片平整，地鐵也開到門口，一群群賓客參加中芯半導體無塵室的動土開幕。

郭台銘沒想到會看到我，我也沒有想到遇見他，大家怔了一下，寒暄後就各忙各的，我的採訪對象是RICHARD（張汝京英文名），中芯半導體董事長，郭台銘則和當時還在高盛公司的林夏如、張果軍有說有笑，啊，原來那是大陸科技業早熟的初夏。

高盛應該剛剛投資阿里巴巴，郭台銘剛剛進軍半導體，精確的說，應該是半導體精密設備和零件，中芯半導體是台灣高科技界當時最禁忌的話題，主要是因為代工模式登陸大陸，外界形容這是張忠謀和張汝京「兩名教父」的對決。

兩岸半導體大航海時代，郭台銘的出現，我沒有放在報導中，因為重點在張汝京，還有後來美國應用材料公司的副總裁王寧國，應用材料是全球最大的半導體設備公司，中國到底能不能發展代工行業，如果發展起來，是從點一三微米切入（一百三十奈米）嗎？會不會走記憶體代工呢？

所有賓客還去參觀大陸專門為中芯辦的子弟學校，張汝京是基督徒，張江工業區還為中芯蓋了專屬教堂，中國吸引整批人才過來，花了很大決心和用心，要讓全世界看到，除了上海大規模整地速度，水電交通生活信仰無虞，吸引一批一批半導體人才湧向更廣大祖國市場。

台灣也曾經有這樣的決心推動經濟。把時間推得更早，美國八〇年代開始將晶片製造技術轉移給日本、台灣和韓國，也是小心翼翼，雖然硬體製造移出，自己本土發展軟體創新，但一方面晶片可轉做國防用途，一方面怕危及到美國本土自己的產業。

韓國、日本、台灣的企業家卻抓住「歷史發展機遇」，從記憶體、繪圖晶片到通訊晶片、高速晶片一步一步站穩步伐，靠得不是彎道超車，而是建立自主技術的愛國心，是無數海歸派「眾志成城」。

至少台積電是如此，為了發展整個產業，當初國民政府經濟決策者孫運璿、李國鼎集結了一群正直勤奮的工程師，從電力到科技，再延請當時已做到了德州儀器副總裁的張忠謀帶領，發展出半導體設計和製造分開的「專工模式」，在全球供應鏈生存下來，經過一代工程師努力，以華人為首的半導體製造勢力開始全球崛起。

台積電成立初期，台灣政府為了要民間參與投資，還請台灣「經營之神」王永慶等民間力量以十元新台幣的股票面額加入投資，並佔有高達百分之二十三股份，但是一九九四年公開上市後，王永慶後來以十二元馬上賣掉，說明了科技的風險極大，並非實業家所能掌控和擅長，寧願出手為安，但是大國卻應該承擔長期發展風險。

從技術密集到資本密集，四十年前歐美日加速芯片開發時就深自警覺，靠的更多是企業本身的全球運作，自我淘汰、自我壯大，連資金都有選擇，才能打造出真正的競爭力，政府的角色定位，官員的努力方向，是打造一個安定、公平、有效率的平台，而不是去保護或是扶植某一家企業。

這一點郭台銘感觸很深，從科技業看政府角色，參觀孫運璿紀念館時，看到他一天工作十四小時以上，開創性人物必須勠力前進，不計毀譽，從基礎建設電力水力開始，再執行台灣十大建設，配合台灣外向型出口經濟，中華民國雖然失去了大陸，卻和世界連結起來。

整整三十年前，郭台銘就開始研究半導體產業，如果按照當時張忠謀提出的基本願景，全球市場一半的晶片，都將來自專工製造模式，而其中的一半，又是來自台積電，將帶動台灣整個上下游的科技產業，半導體可以成為產業新骨幹，鴻海擅長的跨國精密機械製造，一定可以扮演重要助攻角色。

中芯創辦人張汝京也是從德州儀器回台灣，由於台積電併購了世界先進半導體，所以離開台灣，二〇〇二年前往上海張江發展，展開中國芯片產業的第一次「供給側改革」，改善中國高度依賴進口芯片的現況。

一直到現在，中國每年向美國進口一千億美元的晶片，應付各種產品製造的需求，中國本土的自製率竟然不到一成，大陸從二十年前就開始極力想改變這個現象。

一九八二年大陸從「六五計劃」（第六個五年計劃），就在上海無錫設立了三吋的晶片生產線（742廠），時間過得很快。現在的中芯半導體，已是大陸最先進的公司，生產線已進入二十八奈米製程，比當初的一百三十奈米，進步幾世代以上，只不過經營者換了好幾任，張汝京也已經離開。

而另一方面，大陸也積極邀請台積電在大陸佈局，二〇一〇年台積電進入這全球晶片前三大市場，快速做到整廠輸出，先在松江，後在南京，領先建立大規模科技聚落，全球各大半導體的設備公司，主要是美國、日本和荷蘭，都到大陸來服務台積電，乃至於全中國各地半導體廠大興土木。

郭台銘旗下最重要的精密設備公司、京鼎科技就是做製程設備代工，大陸要大量生產晶片，半導體設備公司第一個受惠，京鼎主要客戶，包括美商應用材料等，而應材的客戶，就是台積電，也就是說，台積電發展順利，京鼎馬上受益，新任鴻海董事長劉揚偉，就是擔任京鼎的董事長。

一座先進的半導體廠，超過一百億美元，其中百分之九十五都是花在設備上，像荷蘭商艾司摩爾（ASML）獨家生產的ＥＵＶ微影機台，根據美國《霸榮週刊》（*Barron's*）報導，台積電一次就訂走了其中五台，亦即一口氣買下五．五億美元的設備，這個價錢可以買下兩台世界最大民航機空中巴士A380。

台灣半導體生產佔世界百分之三十以上，但是設備自製率卻只有百分之十五，這正是產業值得努力的方向，也是鴻海奮鬥的目標。

二〇一八年底台積電舉行的一年一度供應鏈管理論壇上，台積電共同執行長劉德音就宣示看好人工智慧（AI）及5G的龐大市場，位於台南的5奈米新廠十八廠（Fab 18）規劃二〇一九年上半年就進入試產，讓5G產品開始進入商用生產。

只是沒有想到和5G同樣速度的，卻是台灣的科學園區缺水現象，成為政府規劃和效能的挑戰。

「台積電每年準備一千八百輛水罐車，為什麼，水源不夠！」郭台銘參選後第一次和我聯絡，就是大聲談到這個主題，業者最關心的，首先就是「缺水」，然後就是「缺電」，接下來郭台銘拜訪科學園區，更確認了「六缺」格局。

政府了解未來十年，會有一半的科技廠商缺水。像台積電一天用水量大約是三十萬噸，等於彰化縣一天的用水量；工業要用水，農業也要用水，民生也要用水，更不要說工業區科學園區用水成長也最快。

二〇一九年台積電決定將全球最先進的「5奈米」廠十五廠（Fab 15）落腳在台南，總投資金額五千億台幣。一月二十六日，張忠謀最後一次以台積電董事長身分參加動土典禮，後來媒體才知道，陪同張忠謀出席的高層幹部全都憂心忡忡，新廠的水和電能夠如期穩定供應嗎？

台灣《天下》雜誌甚至以〈馬桶水，如何拯救中鋼、台積電？〉一文，來探討台積電這座世界最頂尖的晶圓廠，一半用水來自台南市安平、永康區民眾沖完馬桶、洗澡的污水回收再生。

台灣雨量充足，然而，科學園區卻是缺水的重災區。「沒水已經不是我這個層級要擔心的問題，是台積電董事長這個層級的問題，也是台灣的問題！」文中直接引述台積電資深處長莊子壽的看法，全世界都要靠台灣的IC供應，如果有一天沒水，全球可能因此斷鏈。

「水是台灣唯一不缺的天然資源，」經濟部官員也對媒體指出，台灣一年大約降下了兩千五百毫米的雨，相當於八百、九百多億噸的水。但為了省水，台灣科技廠商已經一滴水當三滴用（回收三．五次），台積電高層就透露，水罐車滿街跑的畫面，恰好成為競爭對手韓國攻擊台灣的證據，證明台灣就是缺水，生產不穩定、不可靠。

我本來想說的是，華人半導體努力了半天，打造「中國芯」夢想，結果韓國才是真正的大老虎；台灣有了先進半導體公司，環境卻出了問題。這已不是台積電董事長可以解決的了。

現在5G時代來臨，考驗著科技決策者的智慧。

如果沒有發生中美關稅大戰，按照台積電南京廠進度超前，大陸第一顆生產的十六奈米製程的芯片很可能在二〇一九年底前就會誕生！

未來十六奈米如果在中國量產，也意謂著大陸更多芯片「設計」公司可以就近得到服務，為接下來5G發展打下良好基礎。

三星有自己的手機，自己的垂直整合，我認為三星不會幫華為代工，但是台積電可以，況且，台積電提供華為的製程服務，和高通、博通的等級也不相上下。

5G技術，轉型成為各產業變革推動的力量，全球最大研調機構IHS Markit在二〇一七年一份報告形容，就像過去的印刷機、電力及蒸汽機一般，「5G即將掀起一場產業革命。」

郭台銘提出「智慧科技島」中強調，5G比現有4G快上二十倍，強大的連結性和低延遲性，在這個基礎才能發展無人車等，當全球5G如火如荼發展，台灣以全球半導體及資通訊零組件實力，也會在5G行動通訊產業中佔有一席之地。

二〇二二年底，全球5G用戶數將達五億，覆蓋全球約百分之十五人口，預計二〇二三年，5G將佔全球網路總流量的百分之二十，另外，全球營運商看好5G推動媒體及娛樂業、汽車及公共運輸業、醫療衛生及能源與公用事業等產業的發展，從速度、容量提升的角度來看，5G也是最具備成本效益的科技。

從台積電到鴻海，都是5G前鋒。舉例來說，全球最大5G手機晶片公司，是美國高通，高通是台積電的客戶，台積電為了生產晶圓，要購買設備，又是美商應用材料的客戶，而美國應材為了購買又便宜又快速交貨的製程零件和組件，又請鴻海的京鼎代工，美國台灣供應鏈早已緊緊相連。

5G棒棒，但是最大的衝突也是因5G而起，從市場開創，再加上政府支持，難怪有人看好中國在5G時代競賽中，有可能再度彎道超車，不但追上，而交鋒美國。

二〇一八年四月，美國宣佈禁止中興購買美國製產品，中興5G出貨打了問號，一年之後，美國商務部也對華為開刀，二〇一九年六月，華為創辦人任正非盤點了出貨受到的影響，未來一年將減少三百億美元收入。

從另一個角度來看，美國提早來削弱大陸民間企業的力量，我認為和全球芯片版圖已經鬆動有關。至少可以從郭台銘的「兄弟」、軟體銀行創辦人孫正義二〇一六年底買下了ARM（安謀科技）算起。

過去高通、三星到輝達，都是使用這家英國公司的矽智財，ARM的智財IP讓歐美一流芯片公司減少開發設計時間，當然也包括後來的聯發科和華為，這是全球創意的分工，也是全球供應鏈創新的連動性和互動性。

誠如第五章提及，郭台銘親自見證中國大陸開始重視智財的過程，IP是中國芯的核心，大陸趁勢再崛起，未來競爭只會更激烈。過去合理懷疑，歐美大廠間推動創新也有「貓膩」可能：也就是創新IP平台的開發上，亞洲國家的資訊速度較為落後，美國芯片產業背後，還是全球化合縱連橫的本錢。

但務實又前衛的韓裔日人孫正義從ARM切入英美勢力集團，中國5G晶片發展居於市場拉動地位，ARM一定樂意配合，一面分工重整、一面進行競爭，追求更有效率的經濟定律，成為發展「科學觀」重要部分。

5G時代，美國當然更想要繼續主導。細膩來看，所有科技產品由軟件和硬件組成，5G也是如此，從運營商到手機APP，從雲到端的浩瀚市場，美國準備如何主導全球？

軟件就不用說了，從微軟、蘋果的作業系統到Google已完全主導全球商業應用平台，光是硬件分成的零件（Component）、組件（Parts）和系統（System），這次美國商務部禁止中興購買美國「芯片」，大家才驚覺中興零件中核心還有差美國一截的「無芯之痛」。

中興、華為降速，台灣供應鏈馬上受傷。但是亞洲芯片發展已勢不可擋。從5G看中美初期戰略，中國政府已逐漸壯大知識產權，華為可逐步建立自己的軟體平台和指令系統，但是美國在軟體服務等未知的應用市場著手，如人工智能（AI）和物聯網（IOT）製造，會是更有勝算的務實選擇，也可視為美國對5G戰略的看法，鼓勵美國企業朝5G應用深化。

全球5G發展，一直是台灣前進動力。台積電7奈米製程的產能，已經為高通、聯發科和華為等超過四十個客戶採用，台積電進一步向5奈米邁進，同時展開3奈米新廠興建，兩個新廠投資金額更超過四百億美元，等於總投資金額將超過一兆元新台幣！

四百億美元大投資，代表台積電看好未來五年營收獲利可望逐年創新高，劉德音也對媒體聲明，台積電建立了「大聯盟」（Grand Alliance）及開放創新平台（OIP），就準備和合作夥伴共同追求創新，包括建置有效的產能，及為客戶帶來正確的製程技術。

但是全球最大的半導體公司三星電子，也不是「省油的燈」。二〇一九年六月三星宣佈，將在二〇三〇年以前投資相當於一千一百六十億美元（一百三十三兆韓元，三兆台幣），不僅要在晶片設計方面追上英特爾，也打算在晶圓代工方面超越台積電。

三星半導體在記憶晶片的營業淨利，已經佔全公司四分之三。下一步擴大投資晶圓代工和非記憶晶片的半導體事業，既有助於發展半導體生態系，也分散經營佈局，先不用說，技術方面，至少三星不會有「六缺」的清況。

台積電董事長張忠謀從二〇〇九年重新接任執行長之後，每年法說會都向投資人保證，每年營收都會維持二位數成長，用電量也大致維持相同比例成長，根據台積電企業社會責任報告書，二〇一六年用電量為八十八・五三億度，較前一年增加百分之十一。這個用電成長率，與台積電業績的成長高度符合。

另一方面，製程愈先進，耗電和耗水就更嚴重！

台積電3奈米將採用電驚人的極紫外光（EUV）製程生產，一個新廠的用電量，比台灣東部五十六萬人口的用電量還多，而台積電的整體用電量將會因為3奈米製程達到三百萬瓩，一家公司幾乎用掉整個國家十分之一的電力。

計畫在二〇二〇年量產的5奈米製程，在政府「產業根留台灣」的最高目標下，台積電新廠環評只要「數據清楚」，很快就可以通過。但民進黨政府未來要如何在產業用電與民生用電之間取得平衡，將是一個相當大的考驗；未來如果是「郭總統」也是一樣！

事實上連美國商會會員企業，對於未來台灣電力供應是否無虞，一直抱有深深顧慮。若台灣天然氣發電佔比五成，易受天候或軍事惡意封鎖的影響，在供電方面恐風險過大；而燃煤發電可能加劇空污。但外界也認為美國商會對能源政策的疑慮，其實是美國商會支持台灣發展核電？

郭台銘在接受《聯合報》專訪時就指出，從企業角度來看，像他在大陸的工廠一年用九十億度電，每次開內部能源會議，他會以關鍵績效指標去檢視，而以他的經驗，台灣首先應增加能源效率，這其中最少有三成改善空間。

更重要的是，台灣應該先定位清楚，到底要發展什麼樣的產業政策？除了要提升能源效率、減少排放，產業用電涉及調撥的優先順序，更必須檢討。郭台銘以美國為例，加州曾估算過有百分之五的電能被大數據中心用掉，引起了民眾的不滿。

很多公司看好台灣電費便宜，選在台灣蓋數據中心；郭台銘強調，「要蓋可以，就像鴻海在高雄蓋數據中心，但鴻海也在當地設計、研發，」他在高雄軟體園區和高雄市長韓國瑜簽約，不只設數據中心，整個生產硬件、設計研發、大數據、高效能運算都在台灣做，才能蓋數據中心，「因為這是非常耗電的！」先從能源效率面去檢討，再來才談核能問題。

郭台銘提醒大家，與其要花時間去辯論核能，有些事情可以先做，像美國好幾個州跟他說要開發天然氣，但問題在接收站出口不及，他若當總統，一定優先去跟美國談，讓美國先租我方幾個接收站，「我們和美國、澳洲多買一些天然氣，還要趕快建立接收站！」

這是郭台銘最焦慮，甚至關乎國運存亡的關鍵時刻，他宣佈參選後第一週行程就到新竹拜訪業者，也讓郭台銘感受科技基礎建設對經濟發展的重要性！

六月九日，台積電股東大會上，董事長劉德音透露，台積電中國南京廠可預期產能需求下降，擴產計劃考慮放緩。而且，台積電未來不排除在美國設廠和併購。當然，前提是美國的優惠能讓生產成本「降到跟台灣一樣低」。

美中貿易戰，全球科技也將分成G2兩個系統，生產走向美國，也意謂著大陸市場需求可減少，而且更可能在美國佈局3奈米。股東會後劉德音也將親赴美國，參加美國政府主辦的「選擇美國」（Select USA）投資高峰會，和台灣企業界組代表團前往，過去台積電都只是派代表參加而已。

「選擇美國」投資高峰會在馬里蘭州華府近郊舉行，台灣代表團是參與最大團，人數逾一百二十人，由政務委員鄧振中率領，他是法學背景，曾是二〇一四年十二月八日毛治國內閣接下經濟部部長，在林全內閣擔任政務委員，主要督導、推動新南向產業經濟、商務貿易交流政策。人數第二多為中國大陸，規模約一百人，日本則以約九十人排名第三。

面臨中美走向質變，台積電也必須強化佈局，包括石化、鋼鐵、科技、金融、精密機械、汽車零組件等業者也到美國與會。從二〇一三年十月至二〇一七年九月，美國吸引九百三十億美元的新建投資（green field），外國企業提供逾十四萬個就業機會，美國外國投資委員會（CFIUS）對高科技會有些限制，但美國對投資開放，歡迎來自各國的投資。

台積電在美國奧瑞岡也有一座晶圓廠，員工數約一千多人。劉德音表示，台積電還是以投資台灣為主，技術研發自主，但外界已在猜測，美國用水用電充沛，正是3奈米佈局的好所在。

富士康科技集團總裁特助胡國輝受邀擔任「選擇美國」高峰會演講嘉賓之一，與美國商務部長羅斯，提供對商業與經濟趨勢的看法，以及在美進行外商直接投資的成功經驗。

台積電走向美國，另一方面，問題仍在台灣，我個人認為「郭總統」上任第一個任務是簽下FTA，第二個任務就是「水和電」的挑戰。

隨著深入探討科技的未來，媒體也開始關心郭台銘的能源政策。郭台銘認為，科技絕對可讓能源有更多選項，微軟創辦人比爾．蓋茲最近也在談新一代核能技術，以核廢料驅動反應爐，日本歷經福島核災，也在花時間研究符合安全性的核電計劃，而台日畢竟有著「錯綜交雜的命運關係」，因此，日本核能經驗，他一定會去取經。

「計利當計天下利，求名當求萬世名。」郭台銘的態度很開放，因為核電是科技、專業的問題，「若用政治的問題來解答，答案往往都是不正確的。」像日本是非常保守的國家，不但沒有放棄核能，還發展更新、更安全的核能，台灣把最新的核四設備停掉，核一、核二老牛繼續推，人家早已淘汰換成馬，這樣並不合乎邏輯。

隨著台積電的3奈米技術繼續前進，為高通、為蘋果、為華為生產最先進的晶片，為了人工智慧，郭台銘出來選總統，而另外一位電子二哥林百里自封的名號是「AI傳教士」，林百里也一直提醒政府，除了要有大戰略，注意台灣人才少、市場小的問題，更有電力不足的問題。

經濟部長沈榮津回應業者，其實在規劃能源政策時都有考量電力，包括氣候變遷、經濟成長、AI化等，都會對能源帶來衝擊的因素，已經都列入計算。而我也懷疑，為什麼台積電缺水缺電的要命，韓國三星為什麼敢全力往7奈米5奈米跟進？

原來韓國目前有二十四座核反應爐在運作，佔韓國發電總量的百分之三十，而台灣核能佔百分之十，韓國目前正在建造兩座新的核反應爐，然而韓國政府打算減少核電數量，計畫在二〇三八年，將核反應爐的數量減少到十四座。

我進一步查證二〇一八年數據，芬蘭核能是佔百分之三十，法國佔百分之七十，德國佔百分之十三，日本佔百分之三，瑞典佔百分之四十……，每一個國家對核能的比重差距很大，數以倍計。

未來的領袖，必須面對整個地球的風險。如同「水資源」危機自二〇一二年起，已連續六年成為全球前三名風險項目，二〇一七年位居大規模殺傷武器與極端氣候事件之後。極端氣候變遷所引發的風險管理危機，影響到政府永續發展的政策擬訂，還有企業永續經營的方針。

這也難怪郭台銘調，缺電，缺水，缺工人，缺工程師，缺地，缺投資。投資就不來了，投資要靠信心，他若選上有信心大家就會投資。最後第七缺，缺一個懂經濟、敢做決定的、好的領導人（leader）。

第九章‧‧夢幻國家隊

美國最有權力第一千金伊凡卡的先生庫什納，他所負責領導的「白宮美國創新辦公室」（White House Office American Innovation，OAI），背後顧問群都大有來頭，包括微軟創辦人比爾‧蓋茲、蘋果執行長庫克、Salesforce執行長馬爾克‧貝尼奧夫（Benioff）等，讓郭台銘加快鴻海在美國的投資。

我現在才知道郭台銘手上的那一張A4紙，值十五兆台幣！

那是在四月三十日的馬英九基金會舉辦的經濟論壇上，他首度宣示未來他如果擔任總統，將把全球最有POWER的基金管理引進台灣，那張A4紙上寫了四支基金名字，每年至少將提供三千億台幣以上的財源。

郭台銘計畫當選後籌組一支三千到五千億美元的重量級基金，約合十五兆台幣，委託全球頂尖基金經理人來管理，郭台銘希望比照新加坡「淡馬錫基金」過去三十年平均報酬百分之十八來估算，台灣只要保證獲利百分之五（就算賠錢也要支付百分之五），但多出來可以做為獎金分配。

新加坡是非石油出口國中，最早成立主權財富基金的國家，新加坡政府投資公司（GIC）與淡馬錫控股（Temasek Holdings）兩大主權基金，不但在規模上排名全球前十大，管理績效更達兩位數，曾一年把四百億台幣分紅給新加坡公民。

大家都很關心「分配正義」，問題是，沒有資源，哪裡來的分配？我覺得郭台銘屢次發表政見中有一句最直白：「沒有錢，誰來做總統都一樣！」

郭台銘思維一向務實，名聲和權力，對他只來說只是做事之後伴隨的附帶品，他執行大計劃，一定先想到資源從哪裡來。事實上郭台銘五月二日見完川普之後，馬上就飛到舊金山矽谷，和這些基金領導人見面，讓他們知道台灣未來可以一起合作。

資金效率和方向，是產業最堅實的靠山，台灣產業前所未有的資金驅動大計，已經擺在世人面前。在郭台銘手上那張紙上，寫著四個基金的名字：

第一支，當然是郭台銘老友，日本軟體銀行創辦人孫正義的「願景基金」（Softbank Vision Fund），這支基金規模約一千億美元，至二〇一八年為止投資了八百七十億美元在八十二家獨角獸企業，這個資金規模比全球創投（VC）加總還要大，但投資報酬率卻達到百分之四十以上，比多數VC的平均（百分之十三）高！

孫正義十五年前，曾經讓年虧損達一千億日圓的軟銀轉虧為盈，過去三年來，軟銀年盈餘更超過一兆日圓，孫正義也在今年股東大會大膽提出預言，軟銀旗下投資組合價值將在二十年內，成長三十三倍達到兩百兆日圓（約一．八兆美元）。

第二支則是大名鼎鼎的銀湖資本（Silver Lake Partners）。創始人葛籣．哈欽斯（Glenn Hutchins）來自黑石集團（Blackstone），也做過柯林頓政府經濟和醫療政策特別顧問；銀湖是過去二十年在半導體產業最成功的基金之一，從二〇〇六年以六十四億歐元收購了飛利浦半導體部門的股權，更名為恩智浦半導體；銀湖又和加拿大退休金計劃投資局合作，先以十九億美元收購Skype股權，二〇一一年微軟以八十五億美元現金收購Skype，銀湖獲利以倍數、以億元美金計。

近年銀湖資本轟動的大案，則是美國個人電腦大廠戴爾（DELL）創始人兼執行長邁可．戴爾（Michael Dell）聯合銀湖資本斥資高達兩百四十四億美元，將戴爾電腦完成私有化之後，再重新上市，邁可．戴爾是郭台銘的好朋友，銀湖資本過去和淡馬錫基金、雲峰基金也都有過合作，未來同意郭台銘如果當選中華民國總統，銀湖資本做為台灣「主權基金」合作夥伴也不意外。

第三支，則是績效更加卓越的ＤＳＴ，ＤＳＴ基金總裁尤里（Yuri Milner）也是非常厲害的基金管理者，二〇〇五年ＤＳＴ成立，憑藉遠見，尤里在十四年間幾乎投資了全世界所有的網際網路巨頭，其中最重要的就是臉書FaceBook與阿里巴巴，這兩家企業的市值已經超過了四千億美元。

像尤里當初拿了五十萬美金給Facebook，後來拿回去了五十億美金。尤里也在中國投資小米、京東、今日頭條、美團，換句話說中國網際網路版圖中的半壁江山都有ＤＳＴ的參與，事實上郭台銘見完川普之後，主要就是去舊金山看他，向他介紹未來中華民國的財務出擊計劃。

第四支雖然規模很小，卻是人工智慧的「大腦」，「AI FUND」是由前谷歌的人工智慧Google Brain總監吳恩達所領軍，雖然初期只有一．七億美元，合作投資方還有ＮＥＡ、紅杉資本、Greylock Partners、軟銀。他的願景不但是使得ＡＩ對網路商業和用戶帶來改變，更要打造ＡＩ驅動的ＩＴ產業，並且建立起ＡＩ驅動的社會。

吳恩達從二〇一八年七月已經和鴻海合作，成為全球性ＡＩ技術服務提供者，鴻海在許多個國家擁有龐大的製造工廠，正是吳恩達Landing.ai很好的平台，一起開發和部署ＡＩ解決方案及培訓，從新技術引入，重塑管理架構，到員工培訓等等。

有了這四支世界級基金的規模、管理和人才做後盾，屬於台灣的「淡馬錫級」基金已然呼之欲出。

空談誤國，實幹興國。郭台銘從十萬元起家，深知存活下來，才有接下去的理想和發展，中華民國也是一樣，有了錢，才能發展長照，盈餘挹注年金，解決軍公教問題，進一步解決地方發展差異，郭台銘也希望開放鬆綁地方，去發展自己的產業，解決破產問題，成為良性循環。

中華民國行政院的預算一年也才兩兆兩千億，鴻海集團一年的支出就是四兆以上，資金如何用最低成本，發揮最大效益，把環保、長照的問題都解決，資金的來源除了政府本來就有的勞退基金，還可以加乘台商在海外的資金轉換成投資，讓台灣開始具備像其他先進國家一樣的資本優勢。

六月十九日，才在日本召開完軟體銀行股東大會的日本第二大富豪孫正義（Masayoshi Son），六月二十一日就飛來台灣，和國民黨總統初選參選人、也是鴻海集團創辦人郭台銘見面，參加「G2 and Beyond：全球產業秩序的解構與創新」論壇，一起討論如何解決瀕臨

「破產」的中華民國。

郭台銘在孫正義抵達前的十二個小時，才正式在一年一度股東會卸下「董事長」職務，就是為了專心面對七月六日開始的國民黨初選，推出能夠「富國利民」的牛肉，孫正義管理一千億美元的願景基金，包括中東主權基金和新加坡主權基金都和他合作，也是郭台銘未來治理中華民國財政王牌之一。

根據二〇一九年富比士雜誌排名，今年日本富豪排名中孫正義資產仍高達兩百一十六億美元，全球排名第四十三。郭台銘今年以六十三億美元身價蟬聯台灣首富，全球排名第兩百五十七。更重要的是，他在科技界的影響力愈來愈大，從「Uber」到「雅虎」，都是他投資的範圍。

日本軟銀前年最大的手筆，就是以三百二十億美元買下ARM（安謀）。這家英國公司掌握全球百分之九十的電子產品指令專利智財，所以當美國商務部宣佈禁止華為使用美國產品時，大家都看ARM是否順利出貨，將決定下一代產品上市的時間。

孫正義這次在台北首度出面澄清，ARM是英國公司，會和華為繼續合作，但他不干涉個別企業營運，也因為是這樣的領導性人物，所以國際財經媒體在週六下午都雲集台北，爭睹日本首富風采，郭台銘也直接宣示，想借助孫正義的經驗，一起幫台灣拚經濟。

事實上也是因為孫正義，郭台銘才會開始「反向思考」，打造別人不敢想像的美國供應鏈。

時間回到二〇一六年川普選上總統後，力推「美國製造」，日本軟銀社長孫正義率先響應，與川普會面時承諾四年內將投資美國五百億美元，投資簡報資料意外曝光，其中顯示有七十億美元與鴻海有關，當時還以為空穴來風。

不到兩個月後，鴻海就先和軟銀大手筆合作，豪砸六億美元（約新台幣一百八十四億元），與軟體銀行合資設立新公司「Softbank Group Capital APAC」，鴻海取得百分之五十四．五過半股權，沒想到竟也為郭台銘抓住美國再工業化，埋下了伏筆。

當鴻海集團董事長郭台銘在白宮總統會客室暫待，流利且自信把「GOU」姓氏拼法留在訪客電子板上，他同時也寫下台灣企業家在美國總統就任一百天期間，就親自會見美國總統的歷史記錄。

特別是在美國總統川普明白拒絕再和台灣總統蔡英文通電話時，英文名字叫做「Terry」的郭台銘卻能直接和這位西方世界最有權力的領導人舉行「雙T會」，加上川普也是商人出身，難怪郭台銘二〇二〇年是否參選總統，又一次在政界媒體界甚囂塵上，繼亞洲的韓國總統李明博之後，再炒熱亞洲版「企業家總統」的議題。

再次回顧「雙T會」，時機很巧，離中國國家主席習近平離開美國不到兩週，中美關係達到第一個小高峰，郭台銘立馬簽下投資美國的支票。

僅僅一百天之前，一當選總統的川普就高舉所謂「美國優先」施政主軸，全球保護主義其實已經開始，讓中、美兩大經濟強權的貿易磨擦升溫，成為全球觀察重點，經濟學家們紛紛推測川普選擇採取更強硬的對華政策，來凸顯中方操控匯率及美中貿易不公平競爭，損及美國國家利益。

現在看起來2G開始成形，川普先禮也「先兵」，挑選新納瓦羅擔任白宮首席貿易顧問，就是顯示他強調重商主義，準備把矛頭對準中國。

砸錢投資、雇用大量員工，郭台銘用實力來配合川普的「核心目標」：使美國再次恢復「偉大」，將製造業拉回美國，解決失業的問題，但產業人士都很清楚，二〇〇〇到二〇一〇年間，美國製造業的就業機會減少百分之八十五，其實非肇因於中國或自由貿易協定，而是各種科技進步所致！

川普能不能讓製造業工作機會回流，一般專家認為，川普政策的失敗機率非常高，這卻是意外促成「雙T會」的契機。

促成「雙T會」的功臣，首推川普三十六歲女婿、也是號稱現在美國最有權力第一千金伊凡卡的先生庫什納，他所負責領導的「白宮美國創新辦公室」（White House Office American Innovation，OAI），讓郭台銘可以跳過所有部門和既定程序，和川普直接見面，加快鴻海在美國的投資，也難怪郭台銘走出白宮之後首先就感謝創新辦公室。

事實上ＯＡＩ在三月底成立時，美國在台協會第一時間就在網路上公佈這個訊息，還特別強調這個辦公室「將運用企業界的理念來整頓政府的效能」，說明了美國政府不只上下，連海內外也動了起來，庫什納是第二代房地產投資商人，但是列名這個辦公室的顧問群都大有來頭，包括微軟創辦人比爾．蓋茲、蘋果執行長庫克、Salesforce執行長馬爾克．貝尼奧夫（Marc Benioff）等，也補強了川普政府在科技產業方面的決策。

這也是川普上任百日的大進擊：化選戰語言，修正為可行方案。ＯＡＩ就扮演這樣關鍵的角色，讓「政治」開始為「經濟」服務，和企業一起討論各種投資條件。

像美國大選中民眾認為科技對製造業帶來的衝擊，歸罪於外國製造與移民，但事實上全球市場無一不受科技帶來的衝擊，但隨著習近平來訪，川普也準備未來前往中國訪問，加上共同約束北韓共識，讓雙方進入「春暖花開」，郭台銘二訪白宮就變成季節轉換的春花：「美國沒有面板產業鏈，這也是一個機會，」

郭台銘在二〇一七年二月初首度鬆口，和世界最大的玻璃原料公司康寧光學一起投資有關，據了解，郭台銘一開始考慮投資，當時美國在台協會就派員和他交換意見，讓他感覺到美國招商動作開始積極改變，所以他從經濟的角度，見證川普當選之後展現出的正面影響。

事實上鴻海的北美洲市場製造大本營，原本是在墨西哥邊境，做為進入北美貿易免稅市場的準備，但是隨著川普在邊境築起「高牆」，從移民到優惠貿易緊縮，郭台銘直接投資美國本土，也算是因應美國退出「TPP」的策略大轉變，而且郭台銘還借力使力，宣佈鴻海除了考慮在美國投資消費電子領域如電視等，也會做B2B電子商務及流通業，不過他也留下但書：一切還是要看客戶需要、當地市場消費者是否掏錢付費買單。

連美國自己的品牌公司如哈雷機車等生產線，都想搬出美國，但是郭台銘卻敢反向而行，說明他有著過人眼光和膽識，也贏得了川普更多信任。而從郭台銘第一次進入白宮所率領陣容來看，包括夏普新任董事長戴正吳、特別助理胡國輝和電子元件副總裁盧松青，說明了未來鴻海佈局有廣度也有深度。

戴正吳代表了日本技術和品牌在美國佈局，史丹福大學經濟博士胡國輝是香港人，除了是郭台銘英文文膽，也曾負責鴻海的電子通路，盧松青則是美國伊利諾大學香檳分校電子工程研究所校友，曾在美國最大半導體公司英特爾工作，是鴻海深耕美國最久的代表性人物。

除了商業深入佈局，郭台銘進入白宮之所以被廣泛討論，更是因為台灣停滯發展的政經現況，卻出現了不同傳統政客的新格局。

一方面是隨著中美關係充滿變化，台灣經濟能否應付兩強利益交換；另一方面藍綠惡鬥，綠營享有執政優勢，藍營在無人能夠撐起大局的情況下，意識形態傾向大中國的郭台銘，反而成為了藍營希望所繫的「素人明星」！

相對於民進黨，國民黨過去的強項就是「拚經濟」。國民黨副主席詹啟賢原被視為郭台銘「分身」，主要是詹啟賢也曾是鴻海獨立董事，而且郭台銘母親初永貞去年金援國民黨時，也有詹啟賢穿針引線的身影，但是據內部了解，當初郭台銘找詹啟賢加入鴻海董事會時，主要借重詹啟賢過去擔任奇美醫院院長的醫界資歷，可以協助鴻海推動醫療生技產業，當然也支持詹啟賢在政治上更進一步的企圖心。

不過隨著國民黨列強選情開始加熱，詹啟賢排名慢慢落在後段班，除了本身的論述能力不足，缺乏文化媒體包裝，他在行動魅力上顯然和「郭董」有一段距離，未來還是可能回到輔佐的角色，反觀「素人政治」效力漫延，綠營保衛政權的壓力開始愈來愈大。

特別是在全球體系遭遇民粹當道、「保護主義」在可見未來大行其道情況下，郭台銘帶領供應鏈分散佈局也是重要策略，如同大陸產業升級，未來工廠移到東南亞，再從東南亞移到印度，郭台銘認為，這都是產業很自然地移動，就像過去製造業從美國移到日本、韓國、台灣，再移到大陸。

隨著大陸開始愈來愈重視知識產權的保護，富士康面對大陸本地企業竊取技術機密的案件也會和緩下來，但是大陸也出現愈來愈多本地潛在競爭者，這時鴻海往「美國製造」反向移動，成為鴻海的下一個制高點，郭台銘就表示，在製造業，美國仍是全球第一，也是鴻海學習合作對象。

外界認為美國製造業衰退，但郭台銘很清楚，美國在太空材料、機密機械、半導體設備、航太衛星等產業，都是世界第一。像中國大陸提出二〇三〇製造強國計劃，其中規劃以三十年時間追趕美國，這代表中國大陸清楚知道製造業跟美國相比，還有三十年差距！

「若中國大陸製造業超過美國，為什麼還會有三十年超越計劃？」郭台銘對媒體指出，美國過去只是在消費性產品考量「比較利益」基礎下，選擇放棄低附加價值產品不做，這是美國在全球分工價值體系和價值鏈的選擇，並不代表美國沒有能力，而未來消費電子和物聯網結合愈來愈快速，這是鴻海到美國投資大好時機。

根據鴻海內部人士透露，美國市場仍是全球最大的科技消費來源，以鴻海準備投資面板生產線為例，除了蘋果的屏幕之外，未來全球最大電商亞馬遜大屏幕電視Fire TV、無人駕駛汽車用屏幕等，都可以在美國直接開發。（見第十一章）

儘管美國成本較高，但是市場夠大，更是鴻海和其他大陸企業最大差異化的本錢。

而大陸從「世界工廠」轉變為「世界市場」，許多創新商品和服務都會陸續出現，鴻海也從製造轉型通路和服務，再加上「美國製造」，等於多了一個支點，大陸和美國兩強競合之間，郭台銘帶領企業找到新的獲利方程式，讓「白宮密會」持續發酵，讓美國創新找到新的可能性，台灣政治領導人也面臨了創新的壓力。

包括印度、巴西一樣想爭取鴻海帶來的就業機會，即便如中國製造業大量下崗勞工受到失業的威脅，製造業工作機會的喪失，將使中國當局承受更大的政治壓力，例如中國二〇一五年光是鋼鐵工業，就已喪失兩百萬個就業機會。

也難怪郭台銘一呼應「美國製造」，大陸媒體馬上也喊出「留住富士康」，讓郭台銘感受到久違的「溫暖」，正像三十年前深圳積極招商引資，以政治服務經濟，讓改革開放能快速成功。

為了解除製造外移出大陸的疑慮，郭台銘還特別接受央視財經頻道訪問，分析「美國製造」的可能性，強調鴻海在海外設廠的三大評估條件：市場、成本和人力。他認為印度雖然也有市場，但是生產成本條件離大陸至少還有十五至二十年的差距，強調鴻海一定繼續留在大陸全力發展，並宣佈在大陸招錄一．二萬名大學生入廠。

鴻海在大陸的富士康集團，偏佈全中國三十七個廠區，以深圳、鄭州、昆山、重慶、煙台等為首，鴻海在全球其他海外地點設廠，很多關鍵元件和組件，初級加工都在不同基地完成，不同階段組裝，最有效率運輸到市場，這是一個「產業鏈」佈局的過程，包括大陸品牌手機包括華為、小米到海外佈局，也是由富士康製造，協助客戶往高階產品開發。

「政治就像植物，經濟就像動物。」這是郭台銘最常形容兩者的方式。經濟會跑會動，但是政治只能停留在原地，但是如果有一天「政治」也會跑，或是跟著「經濟」跑，勢必對未來台灣，乃至華人世界帶來新的風貌。

誠如兩年前川普在完全不被看好的情況之下，甚至被同黨人士視為笑話，最後卻入主白宮，跌破全球專家眼鏡，台灣在直選之後出現了第一位女性總統，未來在全球化競爭之中，政治革新的需求之下，台灣民眾能不能走出藍綠框架，走出歷史悲情，走出二元對立，郭台銘開始走出另一條創新之路。

也是趁著孫正義第一次來台灣公開演講，郭台銘正式宣佈如果他當總統，他將成立兩個平台，第一個是「高報酬率的國家基金平台」，用以解決年金基金的報酬問題；另一是「國際勝利組的小獨角獸平台」，要來協助年輕人，也請孫正義一起協助新創公司走向國際。

這對孫正義來說，簡直是「日常」小菜一碟。所謂「破產」，是用「公司」角度來看中華民國政府，像一個瀕臨破產或借債度日的公司，才會開始藉由年金改革，向軍公教勞退基金開刀，軍公教過去是國民黨重要支持力量，民進黨對軍公教開刀，不免讓人用政治聯想，用挽救國家財政之名，行權力鬥爭之實。

在宣佈離開鴻海的感言中，郭台銘宣示要繼續做「台灣牛」，把中華民國的責任扛在肩上，面對台灣經濟差，風氣壞，沒有正義公理，只有政客賠光了國家，他請股東支持他退休，轉戰政壇，把這個快破產的「中華民國公司」救回來，讓下一代更有未來。

總統大選正式「辭職」開跑，郭台銘看到每位參選人都端出牛肉，他想問「牛肉要從哪來」？台灣各種勞退基金、軍公教基金其實都面臨很大的問題，他找全球財務高手來台灣，就是想找到牛肉及財源在哪裡。

按照郭台銘創造財源的想法，就是先「把餅做大」，也是他認為解決年金改革的重點。台灣各種勞退、退撫基金之所以都面臨破產風險，根本問題就出在投資報酬率平均只有百分之二到三，甚至還不時虧損，顯然離「國際水準」有一段差距。

協助台灣成立「國家級投資平台」，整合各大基金，孫正義很有經驗，也表示可以在安全的情況下，向國際團隊競標，以「保底抽成」的概念，讓台灣資金平台走向全球投資，賺國際財，孫正義也以新加坡淡馬錫主權基金為例，強調新加坡願意勇敢面對風險，換取高報酬，因為高科技帶來的變化，「因為若只想打安全牌，將永遠無法有好的回報。」

這是新加坡和其他國家不同之處，像願景基金也能幫沙烏地阿拉伯、阿布達比創造不錯投資績效，關鍵在於權責分配，還有勇於扛起責任損失，結果反而賺了大錢，中東當地其實資金很多，但許多基金管理人和ＶＣ，沒有承擔風險壓力，失敗不需負擔任何責任，多數人還是不敢冒險，當然，也無法有績效。

這種現象普遍存在全球官僚體系的資金操盤方式，孫正義並且分享他的投資心法，壓力雖然很大，但是方向「單純」，他直接用圖表舉例，過去二十五年來，全球網路流量成長了一百萬倍，而上市網路公司的市值，幾乎就是相同的成長曲線，所以他過去只要投資網路，就對了！

大家投資時其實不用太著重細節，而是要觀察大方向，歷經農業革命、工業革命後，進入資訊革命，賺錢更快，就像到了二〇四〇年時，全球人口約有一百億，晶片數量將以兆計，孫正義說，ＡＩ時代才剛要開始，投資人不要投資過去，要投資未來，接下來ＡＩ會影響每個產業。

軟銀的願景基金投資的「獨角獸」企業，幾乎都藏有ＡＩ元素。所謂「獨角獸」，泛指估值超過十億美元的未上市公司。孫正義舉例，像是Uber懂得做「搭車熱點預測」運算，分析不同時段叫車需求，提早通知駕駛移動。另外像是「動態訂價」，上下班時間比較貴、車輛需求不足時調漲價格，像孫正義就開玩笑說半夜三點半就比較便宜，都是透過ＡＩ提供分析。

郭台銘選擇從台灣出發，結合世界級的資金管理者，也為亞洲的科技打開一條新路，孫正義提到雖然成功的投資了雅虎和阿里巴巴，但自己曾經錯過亞馬遜、百度等投資機會，他每天都在反省自己，手上有更多銀彈，就不會再錯過這種機會。

從這個角度來看，台灣資金過去錯過了很多機會，國家也積弱不振，未來就要更懂得抓住人工智慧的大成長，改變台灣的定位和命運。

併購，是企業快速成長茁壯的方式之一，政府也是如此，以資金為後盾，君不見過去十年中國大陸國營企業到處併購，從技術到產能，從礦產到半導體，從歐洲到美國，儼然成為超級吃貨，美國當然也注意到了。

但中美大戰已經開始衝擊併購市場，光是亞洲最活躍的新加坡，就已經消退了四成以上！

全球最大的資誠聯合會計師事務所、普華國際財務顧問公司與台灣併購與私募股權協會聯合發表《二〇一九台灣併購白皮書》。普華執行董事翁麗俐表示，從二〇一八年開始中國海外併購，受制於中美貿易戰影響，美國對於中國買家審核從嚴，中國海外併購動能，已經明顯下滑。

即使位處一帶一路要塞的新加坡，在缺乏中國資金之併購下，境內併購金額大減，現在影響整體交易金額衰退百分之四十四；而展望二〇一九年併購趨勢，台灣併購白皮書提出三大觀察重點，就是因應「保護主義」的全球佈局、家族企業傳承轉型和5G智慧應用下的科技佈局。

從保護主義到5G，正是台灣併購的大好機會，在美國的圍堵之下，AI企業併購將出現很大的瓶頸。郭台銘就知道有一家人工智慧的公司，原本大陸開價六億八千萬美元併購，但是美國政府不允許，現在反而市場開價只要十分之一，就可以買到一流的AI相關技術團隊。

國家級基金不但可以活化資金，更可以購買更多專利，郭台銘強調，有五千億美元的投資基金，「我們不偷技術，我們用買、用合作的。」從國際的聯結上來看，從管理績效來看，台灣也可以搶下人工智慧的資金鏈，增加全球產業影響力。

這也是為什麼郭台銘想進一步成立整合台灣新創公司的「國際勝利組的小獨角獸平台」。

由於台灣政府無法幫助國內企業拓展全球市場，也沒有跟國際連結的管道，限制了新創公司的發展，所以絕大部分的新創公司，就像孵養的小雞，很多還沒長大就夭折了。「我要為台灣的新創公司抬轎，打國際盃。」郭台銘說，從創造一百家市值一億美元的小型獨角獸公司做起，他會建立「投資、輔導、國際化一條龍」的新創投資鏈。

台灣本來就有全亞洲最強的創業精神，藉由國家的平台，結合國內外的創投公司、天使基金、國際PE基金都串連起來，協助台灣年輕人走向國際，同時活絡台灣資本市場，創造更多高薪工作，徹底擺脫低薪噩夢！

要「利民」，先要「國富」，政府就是發動機的角色。郭台銘觀察台灣其實不缺錢，但為什麼沒有人投資，就是因為缺乏政府效能。

離總統大選還有七個月，但郭台銘參選總統初選的「正面效應」已經浮現，五月三十日，經濟部長沈榮津親自邀請廣達電腦董事長林百里參加「部級會議」，聽取林百里的人工智慧的做法和意見！

部級會議，是所有局處和國營企業最高會議，過去從沒邀過電子業領袖參加，林百里則建議政府，一定要有大型的旗鑑級計劃，和科技業者一起合作，林百里就舉例美國與日本也分別有「美國先進製造領導策略」（Strategy for American Leadership in Advanced Manufacturing）及「新產業結構願景」（New Industrial Structure Vision）等計劃，德國有「工業４·０」、法國主要強調產官學結盟，中國大陸則有ＡＩ產業國家戰略，賦予大企業任務，包括百度的自動駕駛、阿里巴巴的城市大腦、騰訊的醫療影響等。

和台灣產業結構最相似的韓國，也在六月端出了未來科技製造的「牛肉」，推出了名為「製造文藝復興願景」（Manufacturing Renaissance Vision）的計劃，要讓南韓在二〇三〇年前躋身全球前四大製造強權之列。

韓國總統文在寅為了孕育製造業新成長引擎，計劃在二〇三〇年前由政府投資八·四兆韓元（七十一·三億美元）、加上民間投資一百八十兆韓元在三大新成長引擎：非記憶體晶片、智能汽車，以及生技產品；政府還將成立一檔五兆韓元的「企業整頓創新基金」，以達成南韓躍居全球四大製造強權的目標，並使人均所得增至四萬美元。

為了在二〇三〇年前將製造業比重，由目前百分之二十五提高到百分之三十，韓國更打算二〇二二年前有三萬座智慧工廠在全國各地營運，並在二〇三〇年前設立兩千座以人工智慧為主的智慧工廠。文在寅宣示，韓國製造業將轉向創新的、領先的產業結構，擺脫過去的「追隨者型」策略。

面對全球製造強權，郭台銘下一個世代台灣戰略的計劃也已展開，結合資金，結合台灣AI、5G、8K、半導體的優勢，在三萬六千平方公里的土地面積上，驗證各種新科技創新應用，結合到生活的成果，用真正前瞻的科技推動經濟！

第四部・・未來行動

未來，有投資，有遠見，有策略，才能讓台灣一代一代繁榮昌盛，走出自己的道路。在太平洋東西岸兩名華人首富的合作中，我才了解郭台銘心目中巨大的科技連結，包括建立洲際光纖電纜，連結高速運轉大數據中心，拉起全球醫療產業的全新世代，從登月計劃到GPS，等於是結合所有的現代科技。

第十章：新醫療

像二〇一七年一月，東京大學醫學院附屬醫院（The University of Tokyo Hospital）已與NTT等廠商合作，同步傳輸8K內視鏡手術實驗，過程相當成功，郭台銘還興奮的透露，有了8K清楚影像，讓醫生快速完成手術，讓病患節省了百分之八十的出血！

「是的，我可以說林女士走的時候很安詳……是的，也是我建議郭董，夫人的身體可能撐不住，所以建議守正早一點結婚！」

這是我第一次這樣很不好意思，打探郭董的隱私。因為以前聽再多的八卦，我都覺得和「公眾利益」無關，但我這次全力說服林女士生前最後一位主治醫生，因為我「聽說」她走得很不快樂……。

許多人知道我寫過郭董三本書，就理所當然以為我知道很多八卦，坦白說，就算知道也沒有立場，因為不是當事人看法，各有「羅生門」，如果不具公評空間，大家根本無聊，扯不完，但是誰都比不上林女士生命最後幾年主治大夫的證言。

我認識的林女士，優雅、大方，對人非常尊重，坦白說，要不是因為她，我還無法第一次和郭台銘坐在布拉格老城區喝咖啡，當時我在捷克「建議」郭台銘直接結束和我的專訪，一起走路二十分鐘至廣場拍照，讀者才能感受到台灣製造業真的打到捷克了！

郭台銘愣了一下，欣然同意。「我來布拉格這麼久，還沒走出飯店，到市中心去看過呢，正好帶我太太一起喝個咖啡！」

那次東歐隨行共三家台灣媒體，每家只有兩小時採訪時間，我本來被排第一場，但是其他媒體有總編輯壓陣，郭台銘為表尊重，把我調成第三家媒體。其實前兩家訪談時間都超過了，依郭台銘「當時」開口就講不完的個性，我說「無所謂」是假的，不過能把他們夫婦請到廣場拍照，來談人生，談歐洲市場佈局，何其快意，林女士不希望自己照片刊登，我也表示OK。

郭台銘還去換了西裝，我和攝影把握剩下一個多小時，沿著查爾斯橋到老城區邊問邊拍，林女士看我們太辛苦了，就招呼大家喝咖啡。郭台銘臉部線條柔和很多，這時我「最悲慘」的事情出現了，其他兩家媒體得知我竟把「大老虎」帶到戶外，不但聞風跟來，而且派出後來的「總編輯」直接跑來露天咖啡座詢問，可不可以也撥出十分鐘時間給他們拍照？

郭台銘看看我，雖然這是我的採訪時間，但大家都是台灣來的媒體，我雖然心在「淌血」，只能說一切尊重董事長安排，何況天色就要暗下，郭台銘就起身拍照，也許郭台銘會再補我被耽誤的時間，但是大家都有這些照片了。所以回台灣後，當時我主管問，你答應林女士不放這些合照照片，但是其他媒體如果放了，我們怎麼辦？

依我當時的反應只能無言。因為當時情況改變，我事後其實應該再致電鴻海說明或是向公司堅持立場，雖然我在後來場合試圖解釋，包括郭守正結婚時，但林女士總是有禮貌且淡然沒有其他表示。

簡單的說，我欠林女士一份情。如果林女士真如坊間流言所傳，因為郭台銘在外作為抑鬱而終，甚至壓世放棄治療，我主觀會覺得關於郭台銘後來回饋社會的報導，特別是事業愈來愈大之後，關於許多慈善事業，應該多所檢視和有所保留。

直到主治大夫告訴我，林女士其實非常積極治療，而且在治療時間外，郭台銘更常常自己開車到處帶林女士散心，到過去談戀愛的地方旅遊，後期兩人也很關心台灣整個癌症醫療環境，「最後這幾年來相處，這是一對有愛心的夫婦！」主治大夫說。

這也是一個身心適應改變的過程。二〇〇五年及二〇〇七年郭台銘連續受到前妻因乳癌，以及弟弟郭台成因血癌病逝的雙重打擊，他開始「化遺憾為力量」，從二〇〇七年捐贈台灣大學一百五十億開始，二〇一〇年啟用的台成幹細胞治療中心，我以為只是單純的捐獻，事實上郭台銘一直希望台大為他家人抗癌的這股力量不要散掉，也能為其他台灣人做事，把「小愛」化成「大愛」。

「金錢，不在數字的價值，而在花出去的價值！」郭台銘價值觀開始改變。

不過，這些和「產業」無關。一直到二〇一六年九月最後一週，華人世界中，也是號稱全球最有錢的醫生、美國南坦醫療集團（NantWorks）創辦人黃馨祥（Dr. Patrick Soon-Shiong），突然出現在台北，公佈最新「癌症登月計劃2020」（Cancer Moon Shot 2020）的合作夥伴竟是鴻海集團創辦人郭台銘，未來雙方將和台大癌症醫院開啟三方合作計劃，打造華人最大的癌症基因研發平台。

「和台大醫學院合作之後，我們會開始朝華人常見的腫瘤，做為首要的研究對象，」黃馨祥說，我才開始真正追蹤郭台銘在醫療的佈局。

據美國《財富》雜誌網站報導，這位六十三歲的前外科手術醫生在二〇一五年賺了高達一．四八億美元，年收入超過了谷歌CEO皮查伊（Sundar Pichai）和蘋果的庫克，相當於美國約四百家大公司CEO平均年薪（一千零五十萬美元）的十四倍，成為二〇一五年全美薪酬最高的CEO。

兩大首富聯手，而且又是華人，足以顛覆傳統，有戲了！

黃馨祥出生於南非，父母是中國人，他從外科醫生做起，後來開設藥廠並研發抗癌藥物，他還是NBA洛杉磯湖人隊的股東，而他最先進的計劃之一，就是透過基因體學（Genomic）、蛋白體學（Proteomic）及精準分析（Spectrometry）技術，找出特定變異的基因或蛋白質等，以更精準定位治療癌症的「GPS計劃」。

「GPS」簡單的說，就是在最短的時間內，提供給病人最精準的適用療法，台大癌醫中心院長鄭安理就指出，對癌症病人來說，每週都有許多來自全球各地的資訊和發明，如果民眾未來可以接軌「登月計劃」，就可以在幾天之內，決定最適合的治療方法，用科技達到「精準醫療」（Precision Medicine）的目的。

所謂癌症「登月計劃」，最早就是二〇一六年一月二十八日，美國總統歐巴馬簽署以副總統拜登為首的「白宮抗癌登月計劃特別小組」備忘錄，目標是破除阻礙研究人員合作的界限，加快癌症診療研究，在未來五年讓抗癌研究進展速度倍增。

二〇一六年四月四日，美國癌症「登月計劃」發佈六大主攻方向，包括癌症疫苗、高靈敏度癌症早期檢測、免疫療法及組合療法、癌細胞和腫瘤微環境細胞的單細胞基因組分析、兒童癌症的新治療方法、加強數據共享。

二〇一六年六月六日拜登更宣佈啟用癌症「登月計劃」首個大型開放資料庫，幫助科研人員分享資訊，從而開發出更有效的療法。黃馨祥也曾在「福布斯醫療峰會」（Forbes Healthcare Summit）上首次公開介紹他快速完成癌症基因測序的平台。

過去各大藥廠間市場壁壘分明，但登月計劃一開始就與近三十家製藥和生物科技公司合作，聯合癌症醫生、醫學研究人員、計算機科學家和工程師，使用超級計算機技術分析癌症監測和臨床前數據；以確定癌症的發病原因，更好更快開發出高效療法。

郭台銘捐給台大癌醫中心一百五十億台幣，大約是四億五千萬美元，這是台灣史上最大一筆捐給單一醫學院的捐款，郭台銘進一步又和黃馨祥、台大醫學院合作，結合生技公司、研究機構、醫院，當時目標是在二〇二〇年前，完成兩萬人的臨床試驗，加速癌症的「免疫療法」開發。

「這是郭董的夢想與大愛！」鄭安理指出，但過去十年癌症治療也發生很大的變化，主要是從過去的「化療」標靶等開始走向「免疫療法」！

全球每年癌症新發約一千四百萬例，死亡八百二十萬人。WHO預計二〇二〇年時，癌症每年可造成一千萬人死亡，也是在這樣的趨勢之下，黃馨祥創辦的「NantKwest」專注癌症「免疫療法」，主要就是利用自體免疫系統來攻擊癌細胞的治療方法。包括嘗試用DNA排序和高速運算，分析病人基因等醫療資訊，找出啟動免疫治療的對策。

黃馨祥更希望三方合作，能建立華人基因大數據資料，畢竟華人基因和歐美不同，癌症的發生與治療大不同，資料庫有助於華人的癌症治療，也為了分析基因等不同類型的醫療訊息，並配合興建高速運算中心，鴻海旗下全台第一座、全球前十大的高速運算電腦。

這也是郭台銘化遺憾為動力的開始，透過大數據與基因醫學，建立華人基因資料庫，並能精準治療癌症，甚至預測、預防癌症的發生。

郭台銘和黃馨祥當初的合作，其實意義在開啟深入的評估和多方合作，台大癌醫院長鄭安理也特別到美國和黃馨祥洽談，確認台大可以參與的部分和權限，努力促成彼此合作，主要是兩強如果真的聯手，台灣有機會可以更快成為亞洲癌症治療領導中心！

台灣參與美國最先進登月計劃的意義，等於是台灣一開始就切入全球最先端的計劃，對華人基因治療是重要的一步。對黃馨祥來說，他很了解台灣臨床實驗的水準，不會輸給韓國首爾，甚至有些部分已超過美國。台灣參與世界級臨床實驗，也讓其他亞洲臨床實驗可以更全球化，像日本過去臨床實驗都在國內，現在也在努力往外走。

而許多癌症研究權威學者，也對黃馨祥的計劃為之側目。一名資深的醫界大老就指出，從生技製藥界的角度來看，是非常特別的案例，一般來說生技的創新都是由企業來發動，IPO（上市）後再普及到整個市場的Bottom Up過程，包括黃馨祥過去把公司交易出去的狀況也一樣，但是這個案子竟然是美國政府帶頭，要把市場整合起來，說明黃馨祥的說服力有多強，由拜登和柯林頓起頭，找來了FDA的主管，而FDA主管就把各大藥廠找來配合，難得Top Down推動，共同來防治癌症，「全世界可能只有黃馨祥這樣的奇才做得成。」

黃馨祥是外科醫生出身，做胰島腺移植，後來投入產業市場，二〇一六年他才剛剛把Abraxis BioScience公司以五十億美元賣給Celgene公司；對於研究癌症的學者，黃馨祥算是門外漢，但靠著對於未來醫療生技的敏銳度，他向全世界推廣GPS平台的重要性。

許多長期治療的病人都知道，兩到三年的治療後都容易產生抗藥性，而另一方面癌症治療永遠有新的發明，尤其是在最近幾年，每週都有新的臨床實驗可以加入，一些已無藥可治的病患家屬會想到新治療，但台灣並不一定加入這些計劃，而病患就沒有辦法用到，而跑去做實驗的地方，病患條件又不一定符合，以至於無藥可醫的狀況仍無法解除。

未來有了GPS平台之後，病患可以了解癌細胞的突變狀況，到免疫環境的變化，開始治療後可以先切片下來測蛋白體和基因，兩天之內就會比對完成，目前這樣的程序可能要花三個月都不一定有結果。

除了患者資訊的運送和比對，過去治療癌症主要是看見癌細胞發生什麼變化，再決定用什麼方法，但是現在的重點是如何將免疫細胞激活，這也必須看癌細胞處於什麼狀態，是顯性還是隱型，而免疫細胞有二十多種，加上蛋白體和基因的複雜度，如果說以前是基因數目一兆運算，現在則是一千倍。

鄭安理也解釋，比如癌細胞有五十八個突變，其中有八個對免疫療法有效，這時看醫院拿得到哪一種藥，再把他計算完畢，讓病人了解，這時全球很多醫學據點都可以加入做比對，從東京、北京、到韓國，這也是一種大數據雲端技術，要大到一個程度，才能做運算，大數據是運算的部分，而這個平台的臨床實驗，就是在台大來執行。

另一方面這個計劃最大的挑戰，就是全球各大藥廠都要參加，因為到了「免疫療法」時代，不是單一藥物可以從頭治到尾，而A種藥加上B種藥，甚至加上C種藥才有顯著療效，但是目前生技業的情況是，有A公司參加、B公司就不會參加，而且就算做出來這種新治療法，美國FDA還不一定買單。所以黃馨祥才找副總統拜登，把大公司老闆請來，也把FDA納入，成為一個超級平台計劃。

事實上有了登月計劃平台，生技藥物要發展，臨床實驗是不可缺的一環，台灣做為華人，乃至於亞洲的臨床實驗中心，這也是郭台銘後來常提到，台灣做為新藥的試驗平台，具備相當優越的條件。

黃馨祥和郭台銘合作時，手上就有六十個計劃，而各種國際臨床實驗都要通過政府及學校審核，台大的經驗豐富，也希望所有病人得到GPS平台服務，黃馨祥很清楚，要在亞洲找合作夥伴，台大一定是首選，因為台大各種癌症大家都一起做，每一個團隊彼此配合，在最短時間內做出結果，這在其他國家山頭林立的大型醫學中心是不成立的，而且台灣不只有台大，未來也會把其他醫學中心都拉進來。

也是在太平洋東西岸兩名華人首富的合作中，我才了解郭台銘心目中巨大的科技連結，包括建立洲際光纖電纜，連結高速運轉大數據中心，拉起全球醫療產業的全新世代，從登月計劃到GPS，等於是結合所有的現代科技。

不過黃馨祥登月計劃也有很大挑戰，包括平台加上全球各大藥廠，如果美國政府主管機構換人，美國大藥廠負責人換人，都對進度投下變數，因為做出這個平台的人只有黃馨祥做得到，這個優勢是無法轉移的，像台大負責做臨床，最重要的是案子有接續性，不要做到一半就斷掉了，這樣就很可惜。

果然當共和黨上台之後，採行和民主黨不同的醫療政策，而鴻海的美國佈局，也開始走向了推動人類下一步的「智慧醫療」。從二〇一八年股東會開始，主軸更轉變成「一百二十歲的郭台銘」！

最近五年股東會開始湧入上千名的股東，但眼光銳利的郭台銘，看見柱著枴杖老先生進場，馬上停話請同仁幫他找位子；郭台銘一有機會，就大談醫療願景，其中一項「老梗」，就是從二〇一七年就提到，未來若有人要娶他女兒妞妞，一定要「比對基因」，用大數據來確認是否「門當戶對」才同意！

二〇一八年股東會後曾舉辦一場國際記者會，郭台銘的第一個問題，選擇回答朝日新聞的「請問郭董人生終極目標為何？」而郭台銘的答案「三個願望」中第一大願，就是活到一百歲。以華大基因總裁汪建為例，汪建比郭台銘小四歲，但是目標活到二〇六四年，郭台銘說，他也應該要好好看齊。

郭台銘也透露，自己曾到華大去抽血做基因檢驗，檢測之後現在人生觀都改變了，因為汪建向郭台銘保證，至少他能活到一百歲，如果活到一百二十歲，從現在六十七歲到一百二十歲，還有五十三年時間，可以做更多的事！

所以在「一百二十歲」藍圖規劃下，郭董對「股價兩百」議題根本輕描淡寫，反而強調漲得太快，非他所願，穩健成長才是正道，而且未來科技佈局也和「醫療戰略」全面連結方向：

首先，「8K」生態圈以醫療做領頭羊。

從二〇一七年股東會佈展包括8K和4K電視，而日本專家也預言4K數位影音播放全面商業化後，下一步目標就是在二〇二〇年東京奧運普及8K電視與播放系統，但第一步8K相關商機，會先從醫療等方向切入，主要是因為8K應用最為明顯。

像二〇一七年一月，東京大學醫學院附屬醫院（The University of Tokyo Hospital）已與NTT等廠商合作，同步傳輸8K內視鏡手術實驗，過程相當成功，郭台銘還興奮的透露，有了8K清楚影像，讓醫生快速完成手術，讓病患節省了百分之八十的出血！

這次8K內視鏡開刀，也是遠端醫療實驗。過去日本外島偏遠地區缺乏專科醫生，只能送到大城市的醫院治療，消耗時間也消耗病人有限的體力，若能將高解析度影像傳到大醫院由專科醫生負責診斷，偏鄉離島醫生就更有把握進行治療，解決偏鄉醫療資源問題。

以目前Full HD顯示器根本看不到癌症病理組織辨識，或是肝臟毛細血管處理等細微組織，4K解析度也不夠清楚，不易確定是否為惡性癌細胞，8K解析度才能提供足供判別的影像，這也是進一步需要8K內視鏡的原因，現在測試結果反應良好，且系統在二〇一七年夏季已可生產，只剩價格問題尚待克服。

而降低成本這正是郭台銘的強項。根據市調機構富士Chimera總研（Fuji Chimera Research Institute）報告，8K相關硬體系統全球商機，在二〇一五年為四億日圓（約三百五十萬美元），二〇二五年估計可增為一．九七兆日圓，成長達四千九百倍，其中夏普和松下會是其中最重要的領頭羊。

其次則是基因檢測科技。

郭台銘一直努力將「雲移物大智網＋機器人」應用與8K顯示技術結合，還邀請華大基因董事長汪建共同展示雙方因8K技術結緣，在基因與精準醫療上的未來合作計劃。

郭台銘已經和汪建有共同的夢想與追求，除了「一百二十歲」共願，未來在8K醫療的合作，同時打造科技小鎮，以百歲健康城與基因醫院做為訴求，郭台銘還強調影像科技繼續發展，未來一路發展到16K技術，連基因放大都能看清楚。

鴻海將替華大基因的檢測儀操刀，首批出貨十萬台起跳，預期未來醫療應用端裝置，規模將不小於手機市場。而華大基因成立於一九九九年，是大陸目前最先進的基因定序及基因檢測研發機構，目前也負責組建大陸國家級綜合基因庫，是全球最大的基因資料庫，也有中國在人類健康戰略上的意義。

再者，鎖定佳能轉型佈局。

郭台銘的好友佳能集團董事長兼執行長御手洗富士夫二〇一六年擊敗了富士底片集團及柯尼卡美能達與英國投資公司Permira組成的企業聯盟，以近七千億日圓，買下了東芝醫療系統。

東芝醫療系統在全球超過一百個國家都有通路，也是日本最有競爭力的行業之一，最近十年許多日本老牌企業都開始往醫療產業轉型，像也參與東芝醫療競標的富士底片，就是日本轉型醫療健康產業最成功的企業之一。

「我這次才參觀完佳能的工廠，未來我們在高階機器上會有很多合作！」郭台銘說，東芝醫療系統最重要的部分，是數位斷層掃描裝置（ＣＴ）和核磁共振成像裝置（ＭＲＩ）業務，和佳能原來的光學顯影系統強項形成互補，也是佳能順利買下東芝醫療的主要原因。醫療系統器械的全球市場預計二〇一八年將超過五十兆日圓，是日本各家系統廠商競逐的大餅，而東芝醫療系統擁有強大穩固的客戶基礎，佳能接手之後，外界看好市場繼續擴大，特別是佳能從很好的影像設備切入，如果鴻海又能配合製造服務，會是雙贏的戰略。

從矽谷到台灣，到日本夏普，郭台銘的醫療佈局正慢慢成形，以鴻海的成本和速度，未來基因檢測系統像 iPhone 一樣普遍非遙不可及，不過以「８Ｋ」為中心的醫療生活圈，是否可以像 iPhone 生態圈一樣出現蘋果創辦人賈伯斯一樣的人物，帶動真正的運用和流行，也是郭台銘佈局醫療所期待的答案。

二〇一八年的最後一週，歷經十年，郭台銘簽約捐贈的臺大癌醫終於落成，二〇一九年七月四日正式開院服務，目前台大醫院癌症照護病床只有一百三十八床，未來正式營運時會提供五百五十床，增加近四倍！

郭台銘同時成立永齡健康研究院，由前台大校長楊泮池擔任院長，未來永齡健康基金會及台大癌醫都將肩負「新百年醫療工程」的理想。

從郭台銘轉化悲傷為抗癌的大愛，像全球癌症新藥開發總花費為上千億美元，其中美國即佔了百分之四十六，如今歐美、日本癌症死亡率每一年下降約百分之二。其中「精準醫療」與「免疫治療」更加速了癌症（腫瘤）醫學的進展。

外界只看見鴻海佈局美國威斯康辛州的製造業，事實上威州的癌症研究，從芝加哥到麥迪遜（Madison）到密爾瓦基（Milwaukee）這一帶開車大約兩小時內車程，不管是治療方式、醫療設備，或是新創公司，已是全球的新重鎮，和加州聖地牙哥和波士頓分庭抗禮，也是郭台銘拚「新醫療」的底氣。

像是二〇〇五年才從矽谷搬到威斯康辛州郊區、美國醫院最大的電子病歷軟體開發商Epic Systems，也是蘋果公司踏入醫療領域最重要的合作夥伴，包括克里夫蘭醫院、約翰霍普金斯醫學院、悉達斯西奈醫院等都和Epic Systems合作，公司雖沒有上市，但卻是影響力俱增、備受尊敬的公司。

「整家公司外部全是綠地，完全看不見有人在工作，」台大癌醫中心醫院院長鄭安理親自拜訪過「Epic Systems」，那次經驗讓他大開眼界，這家全球最先進的醫療軟體公司被森林花園所覆蓋包圍，裡面再蓋了一座城堡，大家從外觀都看不出來裡面在做什麼，但它卻是美國最賺錢的醫療公司之一，創辦人朱迪・福克納（Judy Faulkner）更是美國富比士白手起家女性排行榜的第二名！

Epic Systems公司佔地高達一千英畝，擁有超過八千名員工，儘管ＩＢＭ、西門子都一直想搶進這個市場，卻已有百分之五十四的醫療人口的使用Epic Systems系統來儲存自己的醫療訊息，處於絕對領先地位，「我們去參觀，他們歡迎，但是投資，他們不需要，因為他們很會賺錢！」鄭安理笑說。

光是做全球一流醫院的病歷資料軟體及數位化，Epic Systems就發展不完，整個醫療程序用數位化完全串連，讓醫生精確的掌握資訊，才能開展醫療過程。每一位病患，或是為人子女，總擔心是否有好的治療方式，是問診過程中自己不知道的，因而延誤了病情。

「醫生看診第一件要事，就是要能夠解決病人的焦慮。」鄭安理強調。從問診到治療的數位化，到未來人工智慧ＡＩ的引入，傳統醫療程序有了更人性化的可能。

醫療影像是全球化的，鄭安理指出，各種病症所呈現的ＥＫＧ（心電圖，Electrocardiogram），從肺的X光篩檢開始，到肺部低劑量電腦斷層（ＬＤＣＴ）資訊，全世界醫生都可以用，像台大醫材所所長陳中明長期研究影像處理，從學術到應用，台大醫院影像科由主任張允中帶領，努力整合成同一個團隊。

未來醫學影像會有多大的革命性突破？光看人工智慧AlphaGO可以打敗西洋棋冠軍的運算就可以了解，西洋棋盤上的格子，一排是十九格，所以直和橫最多共有「十九格乘以十九格」的變化，所謂「高畫質」（ＨＤ）等於是1080P乘以1080P，變化更高，鄭安理樂觀的分析，畫面分析會自我比對，只是模擬過去系統機器看讀過的光點組合，其實運算系統就是去學這種模擬經驗。

從1080P到２Ｋ（１Ｋ代表1000），２Ｋ到４Ｋ，到８Ｋ，如果ＡＩ學習一千萬張Ｘ光片子，只要可以找到一張類似的案例，就馬上可以去模擬，如果這次模擬對了，就可以進一步複製成功經驗。

影像的記憶，每個人不同，但是畢竟看的愈多愈好，但ＡＩ的厲害在於可以看一千萬張、一億張都有可能！就看最高產能（capacity），現在雲端的最大產能，現在看來也可以不斷擴充下去，而且可以在零點幾秒就全部看完了，又是在零點幾秒的時間，模擬症狀也做出來了，直接比對到這一張病例，是和過去哪一張一樣，越來越接近問題的正確核心，像未來ＡＩ會是人類醫療的大助手。將來超級智慧機器，會幫醫生很多忙，甚至醫生可以先跟ＡＩ對話。

從郭台銘的眼中，未來全世界也不可能只有一家科技公司能夠獨佔醫療市場。幾家全球科技巨頭都要向醫院賣ＡＩ系統，到時候，不管是微軟、亞馬遜、蘋果，還是Google，誰的效能最好，誰能判斷得更準、更快，那一家的系統和機器就會勝出。

更重要的是，台灣還有強大的半導體產業後盾。像全球基因檢測愈來愈成熟，全球最大的晶片公司illumina（醫明科技），百分之九十的產品由台積電代工，生物檢測晶片除了半導體，還結合光學、化學及材料各方面技術，技術門檻高，一經採用未來很難被取代，應用層面上，快速擴大臨床領域的滲入，特別是生殖健康和腫瘤醫學，「台灣絕對可以再打造一兆美元級產業！」郭台銘自信的說。

Illumina在二〇一八年營收已經破千億台幣，未來十年兩位數成長可期，加上更多的基因晶片公司加入，在台灣廠商協助下，從電路設計、生產製程到光學模擬，已成功開發出一次性使用基因定序晶片，為客戶量身訂製，可信賴度高，也更強化台灣「試驗島鏈」的遠景。

醫療更準確、更快、更便宜，誠如台大癌醫感恩晚會中，郭台銘在致詞時感性的對在天堂的元配林淑如女士的喊話，「你的離開，讓我重新思考金錢的意義，唯有健康、圓滿家庭及愉快工作環境才是真正的幸福。」這也是「新醫療」啟動後的目標。

第十一章：自由工業燈塔

在郭台銘眼中，鴻海已不是百萬雄兵，而是生產大數據的航母。從模具到零件的生產，不只是子公司，還整合衛星小廠的力量。完成更少量多樣的服務，所以郭台銘不是用裁員，而是利用ＡＩ達成轉型。

到矽谷採訪時，朋友帶我到加州大學柏克萊分校附近艾莉絲．華特絲（Alice Waters）女士創立的Chez Panisse餐廳用餐，見識這名全球知名「飲食思想家」，如何用美味實踐她食農合一的理想。

那是二〇一四年夏天的事了，如果當時郭台銘「六流」平台可以和這家餐廳合作，一定可以把艾莉絲理念快速全球推展，天然食材組合隨大廚五感來決定，每天菜單都不同，供應鏈來自方圓一百公里的農場，日期就印在菜單上方，當我感受到第一口當令食物美味時，我很確定，這真不是搞噱頭！

「YOU ARE WHAT YOU EAT！」（你吃什麼就是什麼）艾莉絲在二〇〇九年時就被美國總統歐巴馬邀進白宮接受表揚，蘋果電腦創辦人賈伯斯飲食理念就是追隨艾莉絲，開始吃自家後院種植的蔬菜，食材就近新鮮，不超過「方圓一百公里內」，免去長途運輸造成的各種成本，更和環境土地結合。

鴻海集團講「六流」是資訊流、技術流、金流、人流、物流、過程流，各種科技應用（大數據，ＡＩ，８Ｋ，５Ｇ，區塊鏈等等）虛實整合起來，就是智慧產業升級。用在農業、餐飲的網絡上，也讓我的訂位餐廳和廚房準備更加明確，我的朋友從「TABLE EAZY」在兩個多月前訂位，我們在預訂時間排隊進入。

從農場到餐桌，郭台銘很清楚毛利低的產品，一定要快，穀賤傷農，要減少中間層，才能找出利潤。像我到達餐廳之後，經理知道我是一位財經作家，還帶我去參觀備料的廚房，見證了食材及時送進，只有少數的冷藏，以「生鮮」面貌為下一餐準備。

過去鴻海內部最有名的「生魚片」理論，就是一旦進貨之後，就要趁新鮮馬上出貨，否則產品就會變質，這個道理用在餐廳也是一樣。有了「六流」之後，包括產地生長、認證、管理、出貨都連在一起，而且有機栽培也可以順利銜接，這就是「全食超市」（Whole Food Market）追求的目標，二〇一七年被亞馬遜高價收購，很多人不曉得亞馬遜收購的其實不是賣場，而是「虛實整合」的理念。

二〇一九年三月，郭台銘到高雄推動「AI高雄，智慧工農」計劃，一方面在高雄軟體園區強化佈局，一方面了解高雄物產豐碩，郭台銘承諾，集團旗下企業一年將採購一百萬公斤高雄農產品，第一批選中當季的高雄燕巢芭樂，採購六千公斤送到深圳廠區，讓對岸員工也能品嚐到台灣水果。

像燕巢芭樂因為泥火山地質的土壤，適合芭樂和蜜棗的生長，有著不同其他水果的口感，進一步來塑造差異化，農會長期建立「燕之巢」品牌，相對價格比較高，農民也賺得到錢，這是「AI高雄，智慧工農」的開始。

除了「六流」，郭台銘又加上六快，所謂「六快」，是指「快檢驗、快出貨、快物流、快到貨、快銷售、快回饋」。

「六快」可以讓人先發小財，賺了錢就有動力和資本去做「六流」，郭台銘說，「唯快不破，六流＋六快，才能發大財。」可以讓農業進一步發展，好農要情懷，老農很老，青農沒錢，誰來打造平台？

郭台銘認為，把「高大上」想法落實在農業裡，台灣一定要再加上一個「六快」。「六快」的關鍵是「銷售」，才能在終端消費者快速回饋，產地又可以快速調整供貨的品項、質量，既然「銷售」是關鍵，於是他先去「賣」給大家看，供應鏈如何進一步深化應用在農業上。

「第一快」是檢疫，因為沒有把關安全，就沒有一切。檢疫是農畜牧產品最重要一關，著手安全和健康，其實鴻海有一樣秘密武器，為了採購更多農產品而把關，自主研發了農藥「快篩」技術，透過化學驗證，只要有一支檢測棒，快速在五分鐘內就可以完成農藥檢測。

這支快篩檢測棒被鴻海形容成「定海神針」，讓大量的安全水果快速出關。如同電子業的檢測其實也不遑多讓，上萬件產品在一天內都要檢測達到優良品質，鴻海後來乾脆把檢測標準實驗室就設在工廠內，減少流程碰撞，讓成千上萬零件進進出出，都可以達到最嚴格的品質檢驗。

「第二快」是出貨。四月份將進入芭樂盛產季，台灣小農經濟主要是單一種類作物，若再區分選等級別，其實數量有限，若沒有穩定出口通路，短期量大盛產，就容易失衡，高價品質好的外銷品又會吞了回來，在台灣內部銷售較低的價格，那中級或次級品更是無路可去，鴻海廠區直接且穩定出貨，就有助於平穩當地供貨價格。

過去農業是看天吃飯，農民在天氣和土地關係中求生，有了大數據和環境監測技術之後，可以更加了解大環境的變化，來調整耕種方式，進一步和土地共生共榮，農民是提供健康安全食物的人，也變成照顧守護大地的前鋒。

「第三快」是物流。高雄燕巢芭樂被讚為全台第一芭樂，但因為農產品保存期限短，是標準的快銷品，所以郭台銘要求四十八小時內裝箱發貨，物流和金流之間的掌握，也是中小企業經營的門檻。鴻海早期員工回憶，公司生意很好，每天都出大貨櫃，生意很好，錢卻收得很緊，因為一天有五個貨櫃在海上，一個在報關，一個在出關，共有七個貨櫃，所以資金就被積壓在物流上。

「第四快」是到貨。當貨運把芭樂送到廠區，連箱子都還沒有開，就吸引了五百餘名員工聞訊趕來排隊搶購，郭台銘在現場不但擔當最佳銷售員開箱試吃，還加入採買隊伍和員工一起排隊選購。僅用了一小時，六百箱芭樂就被搶購一空。

郭台銘臉書粉專小編也留言說明，採購時芭樂產地價三十元，果菜市場價三十六元，鴻海的採購價則是三十八元，需符合檢驗標準，不會過高，但也會給出較好一點的價格要求品質，以引導市場良性發展。

「我們特意沒有選在下班時間辦這個活動，就怕不夠大家分！」郭台銘笑說，從三十年前來大陸建廠，光是填飽五十萬人的胃，就建設了亞洲最大的中央廚房，現在也迎接高雄優質農產業的引入。

「第五快」是銷售。農業根本問題在產銷，主要是鴻海在台灣的員工只有四千多人，吃不完這麼多水果，輸出大陸是絕佳的方式，這就像台灣市場的處境，必須要把市場放眼海外，像紐西蘭和加拿大一樣，是的，現在菲律賓和泰國也開始追上了台灣。

在消費人口相對少的市場，不光快銷，還要「先銷」；先銷，倒過來做，有多少需求出多少貨，那就更好了。就如同我在柏克萊的餐廳，兩個月前就已經被「先銷」了，當地農民也知道供貨多少，餐廳也能夠全心準備食材，讓我嚐到北加州風味的食物，以分享來支持在地農業。

「第六快」是「回饋」也快。第一批以六千公斤，以每公斤三十八元結算之後，大概賺了十五萬台幣，郭台銘看到農民臉書，感謝鴻海的採購，還秀出芭樂種植產地，覺得農民實在很辛苦，「我們已經賺到了健康，賺到了農民的辛勞，所以我建議這十五萬退給農民鄉親！」

郭台銘也分享一段影片感謝農民，主要是希望告訴燕巢的鄉親，他們的芭樂種得好吃，員工吃得很開心！這是一種單純幸福的回饋，對於辛勤農民也是一種鼓勵，很快知道自己的

「產品」被哪些人所喜愛，未來行銷也可以更加聚焦。

郭台銘強調，思維是策略，賣是關鍵行動，有想沒做，空談一場。萬一「不快又不流」那就憋死了，可能憋死農民，更重要的是農業雖然產值相對不高，但生產安全、健康的食物是以食為天的民生問題，「農業不振，工業不彰，現在足以憋死任何一個政黨或政府。」

這次水果最大的「輸家」當然是郭台銘。他不僅沒有賺錢，而且還花時間教大家如何處理水果，不去搞真正能賺錢的「蘋果」（手機），最後，還被一位民進黨立委批評，想要用十五萬換取農民的感恩載德。

對於郭台銘來說，動輒上億的捐款都不聲張，他一笑置之，只是再次證明，做事的人都會招致冷嘲熱諷，但如果方向正確，可以讓供應鏈環節更少，讓台灣這塊被化肥、除草劑、除蟲劑所污染的大地，重新光復大地，新農業反而是台灣未來這塊土地的機會。

先接地氣才進步，做事情要先訂策略，有想沒做，空談一場，外界看見科技和農業開始整合，台灣也有實力來打通六流、六快的計劃。包括後來郭台銘為了西螺醬油引入大數據分析，聯合報也用社論來談整個科技對於供應鏈帶來的轉型和啟發。

要提升「庶民經濟」的價值，背後一定要有擴張市場的平台，才能真正發揮「庶民經濟」的特色，我想起他拜訪「雞排博士」之後，外界視為他對於年輕人創業的看法修正，但是郭台銘從料理的過程之中，看見食材、油溫、加盟方式上，可以利用更多的大數據分析和直播行銷，未來一定會比他在日本吃「天婦羅」的品質管理更好，價格更便宜，這些都是台灣創業家可以學習突破之處。

所以「香腸瀑布」是熱鬧市集和造勢場合一門好生意，從科技平台的觀點來看，利用人工智慧的市場分析和原物料運輸管理，未來就不只是「瀑布」而已，可以成為「海潮」，可以成為全球非吃不可的台灣味，人工智慧和烤香腸沒有衝突，卻可以追求進步，「就算是香腸伯生意再好，也希望下一代比他們更傑出更精進吧！」郭台銘感性的說。

如同生產「蘋果」、運送「蘋果」，本來就是郭台銘的專長（這梗好冷呀），我是說從蘋果電腦的運送過程中，郭台銘也可以清楚的看見台灣水果走向更大市場中，所擁有的改善空間，這也是很多坐在辦公室的官員所無法及時反應察覺的。

智能革命，最重要的力量之一就是從「生活」之中啟動。如同誰都沒有想到餐桌上的一個「圓筒小喇叭」Echo，竟然有可能取代手機，智慧軟體Alexa成為下一波智慧家庭的切入點。

二〇一九年一月，亞馬遜在美國一口氣推出十三款由Alexa語音助理啟動的產品，深入家中每個角落，從微波爐、保全攝影機到牆上的時鐘，人工智慧開始無所不包。還有多了螢幕的Echo智慧音箱Echo Show，呈現智慧家庭的願景。

相比三星、ＬＧ以及不少中國廠商很早便將智慧冰箱、洗衣機等投入市場，主要並非以聲音，而是以輕觸開關為主要媒介的操作方式。現在亞馬遜掌控智慧家庭，持續擴大智慧家庭市場的商機。已經建構生活上的ＩＯＴ佈局地基。

也只有鴻海有本事，支援亞馬遜從一年一百萬台，到一年內變成一千萬台、一年三千萬台，「商業內幕」（Business Insider）分析智慧音箱產品目的不在大賣，而在提供選擇，讓亞馬遜能多方面深入家庭，建立了生態系開放平台，包括數位內容、線上線下（Ｏ２Ｏ）服務，都大軍開到。

二〇二〇年亞馬遜Alexa的銷售額將高達一百億美元（約台幣三千億元），還有六千萬台的出貨量，而亞馬遜Alexa在市面流通的總量更上看一．二八億台。先有策略和目標，ＩＤＣ預估二〇二一年全球智慧音箱出貨數字將攀升至二．二億台。

鴻海是背後大贏家，而當亞馬遜Alexa、Google Assistance、Apple Siri等智慧音控產品普及後，專家看好下一步商機將進入車用智慧聲控市場。

亞馬遜執行長貝佐斯曾表示，「語音」將是未來連結人和機器的介面，就像個人電腦的滑鼠和智慧手機的觸控螢幕，鴻海是亞馬遜智慧音箱與電子書等產品的主力代工廠，但能夠高命中率的清晰回應使用者每一句話的指令，讓使用者能在語音構成的「音場」中跑來跑去而不漏接，這種「音場」也是目前最被看好連結萬物的「物聯網」平台。

亞馬遜靠著聲音滲透進智慧家庭，鴻海也靠著亞馬遜進入下一個千億美元市場。

像二〇一八年亞馬遜收購居家保全服務市場Ring，也讓鴻海旗下子公司成為亞馬遜智慧家居供應鏈之一，樺漢再打入蘋果Homekit智慧家居系統供應鏈，通吃智慧家庭兩大主要陣營訂單，樺漢從二〇一三年上市以來，進行了超過十個併購案，合併營收從三十億元到七百億元。

事實上科技行業早已在尋找智慧手機之後下一個大平台。只是大家都沒想到語音會殺出重圍，現在圍繞著Echo所建立的Alexa應用平台，至少已有超過上千項的開發應用：使用者可以透過這「小圓筒」來查帳單、叫車還有點外賣。

Google也發展自己的語音搜索功能，可以回答主人提出的任何問題，蘋果及微軟均擁有屬於自己的虛擬助手，但分析師指出，這三家公司設計虛擬語音助手的目的，是為了讓智慧手機運作地更好，但亞馬遜不同，而且和大數據連結，使得Echo和其他競爭者差異愈來愈大。

亞馬遜不愧是網路上最懂消費者的公司，又是最夯的雲端運算產業霸主，投資銀行高盛所做的抽樣調查報告指出，七成以上的企業使用者用亞馬遜大數據AWS服務，只有百分之十七是使用Google，有分析師形容以AWS現在獨霸雲端服務的市佔率來看，亞馬遜手上握有一個形同微軟視窗軟體一般的壟斷工具。

利用外部「典範轉移」的時代浪潮，持續擴大智慧家庭市場的商機，鴻海一方面加速衝刺全球工業雲應用，要在二〇二〇年達成接軌亞馬遜雲平台。

蘋果和亞馬遜都是很會「燒錢」的公司，但現在最大的差別是，賈伯斯離席之後，貝佐斯是最有「燒錢」遠見的人。誠如台灣網路教父詹宏志形容，如果現在網站賠五十萬元，那可能是賠得還不夠多，為什麼不是賠兩百萬元呢？「像亞馬遜不斷犧牲自己的獲利，就是要改變消費行為，他是非常的visionary（遠見），它的發展，是沒有盡頭的！」

內部的變革，郭台銘則是利用大數據到人工智慧，已從「燈塔工廠」看見成效。

二〇一九年一月，世界經濟論壇（WEF）宣佈「工業富聯」（FII）的深圳「關燈工廠」，獲選為最新七家代表全球製造業網路的「燈塔工廠」，除了一百零八台自動化設備全數完成聯網，根據WEF指出，生產效率上提高了百分之三十，讓庫存週期降低百分之十五等成效，因此入選成為燈塔工廠網路的一員。

鴻海每年生產數十億產品，有代工、有網路品牌、自有品牌，供給不同通路，覆蓋多個不同產業鏈，從模具、組件、一直到成品，未來工業互聯網強調從「大規模製造」轉向「大規模定制」，從產品研發、設計、行銷等各個環節，都吸引用戶參與。

郭台銘希望工業富聯能成為一個平台公司，這是和過去「一條龍式」製造服務完全不同的概念，而且這個平台能為中小企「賦能」，整合供應鏈上下游，同步資訊，共用價值，擴大平台服務。

鴻海集團在中國共有三十二個主要廠區，在中國產能比重達百分之七十五，而蘋果佔鴻海集團業績比重高達百分之四十九到百分之五十。鴻海新任董事長劉揚偉日前在法說會中指出，集團在全球十六個國家設有據點，中國大陸以外的海外百分之二十五總產能，可因應美國市場的需求。

工業富聯打造了名為「Beacon」的工業互聯網平台，通過將「智慧感測器」與「生產設備」連接，實現資料獲取和雲計算結合新一代的5G通信技術，使8K超高清的圖像能快速傳輸，為中小企提供製造服務，平台上有人工智能和大數據，幫助各種工業轉型升級，提供更多智能製造方案。

這也是工業富聯新任副董事長、工業大數據專家李傑所強調，「關燈工廠」不是無人工廠，而是簡化工作流程、加強工作質量並且優化決策，從傳統的以人為中心，變成以數據為中心的管理，不用擔心品質和缺貨，達到「無憂工廠」的目標。

鴻海以四十年來為全球科技龍頭提供製造服務的經驗，發展出「雲移物大智網+機器人」，是富士康再一次轉型，而5G的標準正在建立中，工業富聯將訊息流、資金流、技術流、人員流、物料流和過程流等「六流」貫穿整合，向萬物互聯的智能社會方向邁進。

二〇一九年二月十二日，國際明晟（MSCI）指數編纂公司宣佈上海A股的FII正式納入「亞太區股票工業成份股」，做為投資標的的參考指數，也讓國際資金可以寄託「中國製造」產生的價值。

鴻海集團對工業富聯持股比重約百分之八十四．八。鴻海盤中市值重返兆元之上，FII在二〇一八年六月上市之前，還曾有人預測拉出十根漲停板，甚至超過貴州茅台，主要是因為FII代表了中國工業製造轉型的先鋒部隊，擁有數十萬員工的FII，如果可以轉型成功，就代表中國製造業的全新方向。

這也是為什麼FII當初能夠三十六天「閃電過會」、通過上市審查的原因，過去十年中國強調「供給側」改革，就是希望提升製造水平，鴻海從智慧製造的需求側，成為技術方案的供給側，服務實體經濟轉型升級，就是工業富聯的使命。

事實上工業富聯上市後，台灣鴻海股東也希望能夠購買工業富聯的股票，鴻海除了協助，也有股東質疑，郭台銘會不會日後偏心獨厚「工業富聯」，而郭台銘也耐心的解釋，在「大數據」時代，其實對於「資產」的概念和過去不同，一切透明化，哪一支經營團隊有能力創造價值，就會受到市場和股東的肯定！

另一方面，工業富聯財務總監郭俊宏則指出，工業富聯以控股型公司發展，下屬子公司負責具體經營，就是為了擴大未來更大平台生態。為了徹底做到虛實整合，工業富聯從技術開發、安全生產、銷售管理、品質控制、財務會計等方面制訂管理制度，對下屬全資及控股子公司有效管理、利潤分配等，就像一個小生態系，也是為未來更廣大的平台練兵，再用人工智能、精密模具數據等協助中小企成長。

工業富聯有員工二十七萬，子公司組成結構中，有許多蘋果電腦相關組件公司也在其中，特別是鄭州、成都和貴州的公司，這些分公司在供應鏈上有不同位置，卻帶動了地方就業和發展繁榮。

一條條生產線和數千萬外來員工進駐，過去代工廠帶來地方繁華。除了員工之外，周邊食衣住和交通，像過去三十年富士康總共發出五千億人民幣工資給年輕員工，深圳龍華三十年前一平方米價格和三十年後已無法用百倍來計算，打開中國繁榮櫥窗，富士康往內陸發展有其成本考量，但是郭台銘自己卻可能因為自謙，富士康三十年真正帶動的，是為深圳帶來無價的「創業家精神」。

許多員工離開富士康之後，選擇自行創業或到對手企業，三十年來從比亞迪到華為，都有富士康影子，更不要說手機行業崛起，深圳和中國其他地方比起來，強在創業家精神，如果將之引進中國其他省份，對於中國發展平衡有莫大幫助。

如果中國地方政府只是把富士康投資當肥羊來看、只當稅收來源來看，就太可惜了。

工業富聯在A股上市，正可彌補過去富士康只能讓員工出走創業的遺憾，過去台股無法分配給中國富士康員工，讓員工只能選擇出走做小老闆，而無法在內部直接創業。

目前工業富聯三十歲以下員工佔比近六成，四十歲以下員工佔比超過八成，公司擁有超過四萬名研發工程人員，佔比約百分之十五。

六月六日，郭台銘特別宣佈，工業富聯上市將啟動「員工持股計劃」，讓二十七萬名員工都能以績效爭取股份，未來十年下一階段從「就業」到「創業」，也讓河南和富士康都達到雙贏。

這是中國中小企的「歷史機遇」，富士康希望用平台方式，不再讓中小企業吃過去創業維艱的苦頭。

就像富士康母企業台灣鴻海集團一九九一年在台灣上市時，也只是一個中小企業，三十年發展成一個製造服務的「航母」，如果說夏普的併購是郭台銘「二次創業」，工業富聯則是富士康的「新生」。

工業富聯董事會也在半年內延請前富智康董事李軍旗接任董事長，全球工業大數據權威李傑為副董事長。上市還不到半年，立馬強化團隊陣容，鴻海一面轉型、一面因應市場變化。過去三十年的「舊鴻海」為大陸創匯二千六百六十三億美元、佔大陸外匯存底百分之八．六，儘管鴻海還是以全球為市場、以出口為導向的製造集團，二〇一八年仍是大陸出口冠軍，佔全年出口額百分之四．二，但內部結構已經隨全球市場方向調整。

到二〇一八年十二月為止，郭台銘共投入二十億台幣，收購自家股票，兩個月總共買進了三萬張，郭台銘看見什麼「投資機會」的方向？

誠如阿里巴巴創辦人馬雲強調，未來製造業模式將走向「C2B」模式，也就是顧客直接面對工廠，需求和生產開始對接，阿里巴巴除了自己開始推動「淘工廠」，也參與「工業富聯」的投資，百度和騰訊也都是工業富聯第一批的基礎投資人。

「燈塔工廠」的連結，其實是無所不在的，也是因為有了工業4.0，像鴻海旗下群創光電董事長暨執行長洪進揚，就以「發揮一條龍、建構大數據、共享智財創雙贏」勾勒台灣供應鏈佈局世界工廠的策略與願景。

掌握AI者擁天下，洪進揚就指出，過去手機、筆電等科技產品多達三百多道以上的繁瑣工序，密集勞工的產線已不復存在，取代的是海量大數據，串連在群創前段十四座TFT工廠與後段五大模組工業城，數萬個物件與數千部機器設備之間，同時溝通傳訊。

工業4.0翻轉製造業，也打破「場域限制」，群創透過企業雲的AI工程，向上延伸至原料如玻璃供應鏈供需管理，向下延伸至智能物流到消費者端，群創表示，原本上千家供應商自建的料號、品質認證等系統，透過群創AI智能互聯，精實管理、品質良率倍增，「我們可以擺脫面板產能競賽！」洪進揚說。

從這個角度來看，燈塔工廠也「照亮」了整個供應鏈。鴻海最大的優勢，就是8K結合新一代的5G通信技術。這也是富士康和西門子、GE相比，最突出的優勢之一，8K有日本夏普獨步領先的技術做後盾，8K超高清圖像借助5G能快速傳輸，連三微米的手機表面劃痕都能自動檢測修復，這種整合視覺化分析工具實現了製造業與互聯網的深度融合，工業富聯將逐步建設成「智能工廠」。

過去大陸上的鴻海，以人力驅動，未來是以「數據」驅動。李傑指出，數據是未來的一大「資源」，企業所傳承的知識，全都藏在數據裡；尤其，鴻海集團有十七萬五千台工具機、八萬台機器人等設備，透過工業互聯網，蒐集、分析其中的數據，創造出新價值。

鴻海從二〇〇八年後全力投入機器手臂的型態呈現機器人「FoxBot」，不過，當初郭台銘就是用FoxBot來負責簡單又單調的生產線工作。在鴻海的機器人佈局中，鴻準負責製造、組裝，而生產出來的機器人，則供給鴻準自用與鴻海集團所需為主，等到鴻海入主工業電腦廠樺漢之後，鴻準所生產的機器人再整合入樺漢的軟硬體和控制，就成為鴻海集團的機器人大軍。

李傑眼中，鴻海就是如同小宇宙般的工業生態系。有了工業互聯網打底，劉揚偉引述管顧公司麥肯錫的報告指出，數位轉型能提升實質效益，以鴻海集團年營收五兆的規模來說，即使效益只增加百分之一（五百億），「對鴻海的影響也非常大。」

過去韓國投入5G的效率，事實上郭台銘從二〇一四年就開始投資韓國SK鮮京電信，看準電信產業的佈局來改善集團結構，二〇一七年更決定和韓國SK集團一起打造「智慧工廠」，當時以鴻海的重慶廠區為示範點，設計自動化的印表機產線，首年產能一百萬台、第二年八百萬台，預估可省下約三成的人力，提升百分之二十五的產值。

所謂「智慧工廠」背後，就是用「5G」來連結，這也是鴻海與SK第一個合作專案，透過「智慧工廠」，不僅接單、採購、生產到出貨等都將高度的自動化，加上流程中所有大數據蒐集、雲端分析，將架構出網路化、雲端化的智慧環保工廠，也讓工廠的角色從單純的製造，往「製造＋服務」升級。這個以5G為引導的應用模式，探索未來的工廠形式。

從二〇一八年世界通訊大會，從設備商華為、思科、諾基亞、愛立信，到晶片商高通、英特爾，各國電信業者都積極透過「異業結盟」，展示5G的各種異業應用場景。要推動5G的生態，最重要的是跨產業的結合，已是業者的共識，因為5G開創網路傳輸模式，將帶動全新的商業機會，可以接觸到過去沒有的客戶，但同時，真正最佳的「5G獲利模式」也還沒出現，即便各界都相信5G未來的潛力，卻難以衡量投資與產出，讓演變的商業模式還不明顯。

未來「新鴻海」的架構，也可以從「工業富聯」的運作一探究竟。工業富聯的主要業務仍是手機，但內部是由八十七家相關子公司所組成，由網路平台串連起人流、物流、資訊流、金流等，但是比一般「控股公司」緊實協作、方向一致，製造成本並非以廉價勞力所驅動，而是靠大數據和人工智慧。

在郭台銘眼中，鴻海已不是百萬雄兵，而是生產大數據的航母。

從模具到零件的生產，不只是子公司，還整合衛星小廠的力量。過去是製造手機，現在利用工人生產的大數據，完成更少量多樣的服務，所以郭台銘不是用裁員，而是利用ＡＩ達成轉型，從無人工廠升級到「無憂工廠」，再讓燈塔工廠指引更正確的方向。

第十二章：國運水晶球

郭台銘參與了戴爾電腦到蘋果手機供應鏈成形，打造了國家經濟和就業，現在，郭台銘也充滿了信心，不只是協助幾家、幾十家公司成功，而是領導整個產業鏈成功，台灣得利！

「只要有一半的機會，就大膽去做！」郭台銘對著鏡頭講這句話，鼓舞著年輕人去實現自己的想法。

過去我形容郭台銘「快狠準」，百分之百努力投入，不打沒有把握的仗。郭語錄第五條：經驗，等於金錢加時間。

從二十年前就在準備跨入整車電子，併購和投資，但是大軍仍然未發，因為他專注、深入，而且了解人理、事理、物理，百分之兩百的小心，所以比別人更有機會成功。

我認為郭台銘有百分之三百的準備，他才去做。郭台銘曾舉日本製鐵踏入半導體的例子，當時需要一百億的投資，但是董事會最後決定三百億的預算支持，因為他們要支持這個事業，前一百億是交學費，再一百億是準備虧損，第三個一百億才準備賺錢。

百分之三百的準備往前行，郭台銘是一個務實的人，從十年前鴻海面對外界的詢問，為何不直接跨入品牌，郭台銘可以理性的分析電腦市場的全球化分工，台灣採取的定位，不要去和擁有主場優勢的國家搶位子，加上品牌需要的維修、服務和市場專利，並不是鴻海的目標。

對於政治和資本，過去郭台銘也都保持距離，他有機會投資銀行，但他以從事製造業為榮，他認為美國金融業對世界經濟造成的影響，沒有人看得懂，但正因為「看不懂」，無法掌握自己的命運，所以，鴻海做事就像蓋樓，紮紮實實的堆好每一個磚塊。

即使是面對財務人員，郭台銘也強調，要讓自己像海綿般盡量吸收，而且就像生產線上的第一線管理人員一樣。「要到現場去、到實務去，否則你沒有辦法曉得這間公司能不能投資，為什麼應收帳款高？為什麼獲利能夠成長？」

每年賺千億，鴻海公司都是一塊、兩塊（新）台幣賺起來的，也才會覺得賺得心安理得，「所以我不需要去跑官邸喔！」

二〇一四年六月五日，當日本軟體銀行（Soft Bank）宣佈推出每組售價十九・八萬日圓（約台幣六萬）、具有學習能力、感情辨識功能的機器人「Pepper」時，軟銀創辦人孫正義和郭台銘亮相，郭台銘也開始站在台上了。

設計Pepper的目的是「讓人類幸福，促進人際關係的樂趣，提高人們生活品質。」這也是所有產品的理想，Pepper身上有各種先進的傳感器、ＨＤ相機、雷達和聲納，全球第一個號稱會表達情緒的服務型機器人，由鴻海精密所製造。

軟銀社長孫正義稱呼郭台銘為「軟銀最重要的合作夥伴」。郭台銘和阿里巴巴都有投資軟銀機器人公司（Soft Bank Robotics Holdings Corp，下稱SBRH），郭台銘在股東會上說，人類的五隻手指合起來很容易，但是機器人不同，為了讓機器人的五隻手指獨立運作，不會互相干擾，又能合在一起，鴻海的研發團隊就實驗了兩年。

孫正義表示，鴻海的製造及控管成本的實力，所以軟銀敢設定「一般家庭買得起的價格」為目標。但是最特別的是，以往鴻海為別人代工，都完全隱身幕後，不可能站上檯面，但這次敢明目張膽和「客戶」站在一起，說明鴻海有了技術和專利，才敢如此「曝光」，製造轉型技術，鴻海築夢紮實。

事實上從全球大廠的策略佈局來看，從蘋果到亞馬遜，的確離不開鴻海，因為全球大廠要做到產品既便宜、又要新奇、又要速度，更要說服消費者，鴻海站上了一個可攻可守的戰略位置。

從Pepper上市到二〇一九年，已虧損百億台幣，但孫正義為了強化機器人生態系，不但收購了Google旗下波士頓動力，還有日本雙足機器人Schaft。軟銀機器人社長富澤文秀也強調應用程式會從兩百個進一步擴充，雖然賣愈多賠愈多。但他語重心長地說：「日本的工業用機器人很強，但我們希望在服務型機器人這個市場上能取得領先！」

從亞馬遜的智慧音箱到谷歌的機器人，都是Pepper的對手，包括夏普自己也有機器人roboho。但是對台銘和孫正義來說，智能服務生態才剛剛開始佈局而已。

「二十年後，全球至少有一百億個機器人！」按照孫正義的描繪，未來地球人口也會突破百億，但我們的生活周遭的智慧機器人，也會充滿多種不同尺寸與樣貌，可完成人類過往基本生活工作，也取代人類進行初階的生產工作。

像無人自動駕駛系統的發展成熟，將讓人類社會不會再有車禍發生，周圍都有交通衛星偵側導航，甚至是無人機在空中飛行，孫正義還在台北演講時秀了一段網購快遞送貨無人駕駛的影片，這部無人車預見狀況還會越過黃線，以人工運送，每件成本要五美元，自駕車的成本卻只要〇．二三美元。

孫正義認為人類壽命未來也將大幅度延長，甚至超過一百歲，許多人類現在無法克服的醫學困難，未來，比人們聰明的人工智慧將會代替人們找出辦法克服，疾病不再「致命」。

台灣人口雖然不多，如果業界都利用智慧機器人來協助製造，人們就可以投入創意行銷與設計等，即使人口不多，也可以擁有全球尖端製造的地位。這當然也是二〇一六年孫正義以三二〇億美元併入安謀公司（ARM）的重要原因，因為未來有更多的電子產品要迎接AI、IOT時代，會使用到矽智財專利。

也因為將有百億個機器人大軍出現，麥肯錫從二〇一七年就預估到二〇三〇年，將有九億個新工作機會，和人工智能有關，而其中百分之八～九的新工作，是現在完全不存在的。

郭台銘在二〇一八年烏鎮的世界互聯網大會上指出，騰訊是做「人與人」之間的聯繫，馬雲是做「人與事」之間，鴻海則是「人、事、物」的連結，非常複雜。

特別是「物與物」的架構在5G物聯網技術飛快發展之下，高科技的內部製造生產流程，必須透過調整崗位重新訓練！

鴻海過去以設計、產能、出貨等服務，和客戶連在一起。未來透過「8K技術」將有更多的「感測」、「偵測」和「預測」相連，製造更多「客製化」商品。誠如馬雲所勾勒，以前大家說「中國製造」、「法國製造」，今後人類將是「made in internet」：可能設計是美國的、製造是德國的、組裝在中國，全世界銷售。

回顧二〇一七年中，麥格理證券分析師張博凱發表「明日世界的整合者」的分析報告，認為鴻海在零組件、機器人加上品牌的綜效，股價上看兩百元，此報告一出，市場為之驚豔。

現在看來時空如果沒有錯置，只要成為明日世界「倖存者」已是大贏家，也符合馬雲對事業經營另一句名言，明天很美好，但是大部分人都死在今天。

跳躍式的科技進展，人們已經不確定現在該學習什麼。企業人事部門也無法看到未來一兩年之後的職能需要。不只鴻海本身，包括夏普、群創等大集團都在「轉型」之列，先全面檢討成本，以應付未來經濟結構的調整與轉型所需，鴻海內部更進一步成立「工業互聯網學院」，重新培訓許多同事。

「特別是非生產線的直接員工，因為數位取代實體，很多人要面臨工作性質與結構移轉！」郭台銘宣示。

大陸深圳「富士康三十週年廠慶」時郭台銘喊出，未來預計要培育出兩萬名ＡＩ種子人才，五年要投資新台幣一百億元在ＡＩ應用。簡單的說，過去的「舊鴻海」，以人力為主，未來「新鴻海」以智能為主。

製造「學習曲線」繼續加快，產業分析師就指出，鴻海對於自動化的佈局，現在看起來已不只在工業用的產品；隨著商業、消費、家庭自動化需求的增長，來自消費和自動化結合的營收將隨之增長，並扮演重要角色。

面對未來，張忠謀也在演講中表示，現在正開始的物聯網與人工智慧（ＡＩ）時代，應設法培養足夠技能、終身學習與思考的學生，這需要全面性的教育改革。

「ＡＩ會取代很多價值，很少人能無可取代！」張忠謀說，人們的工作如果不能利用潛能或既有技能，可能只拿低薪，拉大社會貧富差距，這對社會和諧與穩定，帶來很大危險，由於政府仍主導教育系統，所以要培養學生能夠「有系統的終身學習」。

張忠謀特別指出，「有系統」就是規劃今年或未來五年要學什麼。從系統學習可以培養出「終身學習」的習慣，進一步培養「終身思考」的頭腦，學校應該教「獨立思考」，讓學生以終身學習與思考為目的，「不以強記多少為目的。」

全面性的教育改革藍圖，甚至和企業的發展需求相連。張忠謀甚至認為，教改應該從小學開始，過幾年陸續再改中學、大學等，且企業雇用學校畢業生，等於企業是教育制度的「顧客」，所以教改也要問「顧客」要什麼，如同他在企業做事，都記得顧客需要什麼！

智能時代來臨，連政府也不例外，「百分之二十的公務員，是一直在輪調學習的！」按照郭台銘的想法，改造政府最重要方式就是學習，人民的需求不同，科技變化太快，與其把大量心力投入在想像未來工作的樣貌，不如持續學習與接受，找出不同的方向。

因為機器人「學習」的速度，愈來愈快。

要做組織變革之前，要先革自己的命。我認為，這才是郭台銘真正請辭董事長的原因。一九七四年創立的鴻海，一九八六年上市，走過了網路時代和金融危機，未來的速度愈來愈快，更重要的是，真正的虛實整合、軟硬相接的時代來臨，鴻海需要速度和思維的全面換新。

根據孫正義預測，人工智慧來臨，包括三項「半導體處理器運算速率」、「記憶體儲存空間」與「網路傳輸速率」，都各會成長一百倍，達到一百億倍數據效能，更重要的是，未來的這些大數據，有百分之七十五，是來自於工業互聯網。

也就是說，未來的「虛擬」製造業會從人工智能中崛起，領導「實體」的製造業，所以郭台銘才一直強調，人工智慧是比網路時代以「人」為中心還要大的狂潮，他辭去鴻海董事長，讓更懂軟體的人接棒，鴻海才有未來。

ＡＩ的智商開始會比人類「聰明」，ＡＩ能完成許多提高生產力的事，發現萬有引力的牛頓智商大約一四〇，被稱為天才的達文西智商可能高達兩百，孫正義總是在演講中提出假設，一般人的智商大約是一百，如果ＡＩ在三十年後的智商高達一萬，那真是「超級頭腦」

時代。

但是孫正義也強調，ＡＩ永遠無法取代人類。

首先，ＡＩ無法取代你的情感，人們擁有的熱情，是ＡＩ無法合成的。

像郭台銘對製造業「情有獨鍾」，他很早就有條件去投資很多產業，但他沒有，而且一直留在製造業，一直到十多年前我問他，即使退休，他想做的也是「工業銀行」，因為可以到處去工廠，我當時簡直昏倒，因為我跑新聞前五年都在看工廠，看得反胃，但是郭台銘卻樂此不疲。

事實上他早期的電子業朋友們有的賞畫、有的玩古董，但郭台銘一直想留在製造業，所以這次ＡＩ對他來說，結合了工業大數據，成為了新鴻海的雛型，李傑教授以他紮實的學術，工業管理的連結，在加入鴻海不到一年時間裡，成為了副董事長，和電子業背景的劉揚偉合作為鴻海掌舵，也是他對自己所熱愛的製造業加入一股不一樣的能量。

郭台銘自己也開始往產業生態環境奮戰，從國際情勢到國家政策，他看見全球的變動，及台灣必須調整的方向，二〇一八年韓國瑜帶領國民黨執政高雄，強調經濟和民主輪替，一片旗海，讓郭台銘也深受感動，重溫少年對「中華民國」的熱情讓他看見這麼多民眾真心愛國旗，也讓他「突變」，這真不是ＡＩ可以預測出來的。

其次，ＡＩ無法取代堅持和抗壓力。

百年的夏普集團創立者早川德次，一輩子都在做用電產品，所以他想對世界有一個交代，就是做「創電」的事業，也就是太陽能事業，不過中國崛起之後長年虧損，許多人都預期鴻海買下夏普之後，就是第一個開刀的對象。

當鴻海戴正吳開始入主夏普之後，開始經過這個兩個月實質調查，成本試算，他決定太陽能事業要繼續做下去，「不但要貢獻台灣，也要繼續貢獻世界。」這個決定真的讓人嚇了一跳，坦白說，跑鴻海新聞這麼久，很多都是沒有劇本的。

戴正吳認為，像太陽能是最後是「清潔能源」，虧損很大，就算是敗家子，但進來之後發現有很大機會，可以和國外合作，況且全球都在尋找清潔能源，台灣也在反核，這是一個未來性工業。像夏普有別人沒有的空氣除菌技術，誠如四月二日郭台銘也在全球記者會上說明過，夏普對未來人類所需的空氣、水和食物，會有很大的貢獻。

從陽光空氣水開始，夏普開始打造智能家居產業的典範。從物聯網能力開始，智能家居和智能辦公室又配合「雲移物大智網」，再加上機器人，正好夏普又有機器人，未來智慧的醫院，每一個房間都有空氣清淨機、都有一機器人，讓每一個患者都有安全乾淨的空間。

鴻海入主後，夏普過去五年投資不足的情況得到改善，或許只有郭台銘，才能將財務和研發都注入活水，夏普過去百年科技上的智財累積，更有助鴻海開創供應鏈新地位，包括夏普全球「出海口」的建立，與其說鴻海投資美國，不如說夏普領飛，重新建立美洲基地，夏普擁有技術和通路，是品牌重要的生命線，這也是堅持的力道。

再者，ＡＩ無法取代你的想像。

二〇一九年初美國財經雜誌《Fast Company》就描述孫正義的投資佈局，從研發機器人的Brain Corp，到專精物聯網工業應用的OSIsoft……，並且提問讀者：「生活在『孫正義的世界』，你準備好了嗎？」

我想孫正義也必須同意，願景基金的目標，大部都是想像階段的應用，未來全方位融入生活中的科技產業鏈。也是對於這份「快速改寫人類生活」的成績單，孫正義認為人類將更有時間專注在『以人為本』的職業中，如藝術、設計、音樂、娛樂等。

人們因為更高品質的生活、追求成功的動機，會繼續推動創新與技術革命，這種理想性，也是科技公司的想像來源，也決定未來科技的進展。

這也是為什麼亞馬遜會在二〇一五年投資一億美元（約合新台幣三十一億元）成立Alexa Fund，主要就是希望藉此壯大Alexa生態系，讓更多開發者一起來加速亞馬遜實現聲音科技創新的目標。

亞馬遜也陸續推出多款不同類型搭載Alexa的智慧終端裝置。只是單靠亞馬遜一人之力，要想滿足消費者所有生活需求畢竟還是不容易。

郭台銘對台灣產業最基本的「想像」，其實就是建造一條產值高達一兆美元的創新醫療供應鏈，從臨床服務、新藥開發到精準醫學和基因檢測、國際預防醫學、生技醫療設備等，應用台灣軟體硬體產業化的能力，加上一流的人才和華人市場資訊，開拓出人類文明進程新市場。

這條供應鏈，先從太平洋西岸結合美國ＦＤＡ對於人類健康的標準。ＦＤＡ能讓全球信服，不但是因為科技領先和市場規模，而是ＦＤＡ還能將各領域的一流的獨立專家，從臨床醫師、毒物專家、生物統計專家，還有社會倫理學家、政策專家及律師，整合在一起，共同為全球藥食把關；再從海峽對岸延伸到十三億人口的市場，真正做到「左右逢源」。

一兆美元，以中美貿易戰下的匯率來看，相當於三十一萬億台幣，等於是五個鴻海、十個台積電的營收規模，更重要的是，這條醫療產業鏈和兩千三百萬人的健康緊緊相連，大數據加上人工智慧的高速運算，既提升了台灣人民健康，成為應用的平台；又可以創造出價值，直通全球市場，成為醫療創新能量的供應鏈！

電子數位產品的組裝，是供應鏈的數後一哩，馬上直通市場，郭台銘參與了戴爾電腦到蘋果手機的供應鏈成形，打造了足以左右國家經濟和就業的霸業，現在，郭台銘也充滿了信心，不只是協助一家、兩家、幾十家公司成功，而是協助整個產業鏈成功，台灣也能得利！

還有，ＡＩ無法取代團隊工作的默契。

過去郭台銘以「明星光環」出現，但隨著企業上兆，外界愈來愈了解經營團隊和制度的分工，郭台銘早就打下基礎，隨著戰功和市場，有的人離開，有的人加入，外在經營環境連著智慧家庭、無人汽車、工業IOT、安全監控市場接續進行一波一波競爭和淘汰，也是擺脫「舊鴻海」的必經歷程。

所以「新鴻海」不只是物聯網的轉型項目，對郭台銘來說已是一場「文化建設」。工業富聯副董事長李傑就解釋，要應用AI，從數據蒐集到假設都要有「好奇心」和「探險心」，觀察數據與方法的試錯，並且再拿別的數據，不斷試錯，再細心找出真正答案，就像偵探一樣，在全球架構和支援下，必須培養員工好奇和探險的新文化。從這個角度來看，郭台銘從董事長的離開，就是一場「文化」的重建，而「工業數據」也在建構下一步，發展出全新的客戶關係。這也是「新鴻海」團隊的任務，也無法靠AI達成。

AI也無法提升價值觀的追求。

如果只是賺錢，追求數字，不管是郭台銘還是孫正義，早就越過了人們的想像，但是他們追求「成功」的意義完全和別人不同。

如同孫正義已投資雅虎和阿里巴巴，一度成為全球首富，但他還是不停檢討「失敗」，為什麼不能投資亞馬遜、百度等公司的IPO，他在台灣再次提及自己和亞馬遜創辦人貝佐斯一對一都談好投資了，結果董事會提醒他沒有足夠的錢！

由於錯失機會的悔恨，改變了孫正義的基金經營策略，就像用魚網撈魚，才是最快速有效率的，過去比較像用釣竿釣魚，所以他開始打造最大的「網」，也就是充足的資金，其中也包括郭台銘的投資。

只要看準趨勢，孫正義強調「心純意正」，就像網路流量在二十五年前，只有180GB，今天的網路流量成長了一百萬倍，只要單純「撒網」在網路公司，如果以市值衡量，美國華爾街網路公司市值，過去二十五年也成長了一千倍，創造了匹敵國家的財富。

但是要賺到這麼多錢，還不需要用到「智商一萬」的「超級智慧」，孫正義強調人工智慧對人類最大的幫助，是預測將會發生的事情，讓人們努力做好準備，過去童話裡的「水晶球」能夠預言，未來人工智慧就是那個水晶球。

從這角度看郭台銘參與總統初選時，提出「國家負責0到六歲」養育的計劃，就是想從「未來」挽救台灣的發展，儘管每年要增加三千億以上的國家預算，黨內外罵成一片，但他還是認為台灣面臨「少子化」，這是「國家安全」問題。因為少子化將造成十年後人力不足、稅收不足、撫養比提高、年金破產等一連串問題，這是國家的根本。

郭台銘也盤點了國家財務及各種基金，更感覺到台灣目前政治人物都只想「做不到」，而沒先想什麼是「應該做到」，就長期財源而言，郭台銘的「國家幫養六歲學齡前幼兒」政見，會連結產業，達成消費乘數的效應。

「生命的意義，在創造宇宙繼起的生命！」這是一世紀前的國家領導者願景。ＡＩ持續前進，超級智慧即將到來，郭台銘似乎已經能從「水晶球」中，看見台灣的「新經濟十大建設」，包括庶民健康大數據管理、無人自動駕駛公路、智能電網、南方快速智能機場、綠能有機農業試驗基地、智能銀色社區長照、無失業技職輸出大平台、5G無延遲多元文化實驗園區等各種創新平台。

管理者強調的是紀律和平衡，開創者想到的是預見變化和預先規劃。從郭台銘的思考和策略中，發現這塊土地何去何從。中美兩強引起極大的變動，郭台銘希望把這個關鍵時刻，變成中華民國的「Good Timing」，讓中華民國掌握自己的方向，提升自己的價值，創造自己的命運。

預測未來，但是，不等待未來，郭台銘起而行之。

資料來源

第一章

颱風尼伯特　強風破台東60年紀錄
https://www.youtube.com/watch?v=XF7BKV9rISE

鴻海財報表現優於預期　股價飆４個月高點
https://udn.com/news/story/7251/3730350

台東市
https://zh.wikipedia.org/wiki/%E8%87%BA%E6%9D%B1%E5%B8%82

這不是生意，是社會正義
https://www.facebook.com/TerryGou1018/

「以智慧創新打造台東新未來」郭董與中小企業座談
https://www.youtube.com/watch?v=hFcVD1tkB6M

郭台銘花東行　談台灣的ＡＩ未來
https://www.youtube.com/watch?v=KpCWmhrV4rU&t=3664s

台東２２８歷史
https://www.youtube.com/watch?v=FAkUn9Pygpo

鴻海賣小鵬母公司持股
https://money.udn.com/money/story/5612/3738189

27年歲月奉獻蘋果，一代傳奇設計長強納森．艾夫決定離職創業去
https://www.bnext.com.tw/article/53827/legendary-designer-jony-ive-leaves-apple

走訪新港漁港　郭台銘要幫台東賣鬼頭刀
https://www.cna.com.tw/news/aipl/201905150254.aspx

第二章

酈英傑：美願助台增進國際參與
https://www.cna.com.tw/news/firstnews/201904150060.aspx

台美慶40年友誼　台北１０１外牆連3晚秀特別訊息
https://www.cna.com.tw/news/aipl/201904150305.aspx

我國對美採購軍備　金額排名全球第10位
https://udn.com/news/story/10930/3278415

https://www.storm.mg/article/697228
全球軍武市場知多少：美國軍火商包辦57％市場，老二俄羅斯9.5％，中國是一團謎

全球十大軍火商２０１７年共售出約２０００億美元的武器裝備
https://kknews.cc/zh-tw/military/ze9pzyq.html

郭台銘臉書：鄭重向大家說明為什麼我認為「國防靠和平」。
https://www.facebook.com/TerryGou1018/posts/623610558112220?comment_id=623632481443361&reply_comment_id=428310237926121&comment_tracking=%7B%22tn%22%3A%22R%22%7D

左擁Ｆ35右抱Ｓ４００飛彈　土耳其將成唯一同時擁美俄最先進武器國家？
https://www.cmmedia.com.tw/home/articles/15686

未來世界戰略與國防的主要競爭點：人工智能
https://www.businesstoday.com.tw/article/category/80394/post/201802270049/%E6%9C%AA%E4%BE%86%E4%B8%96%E7%95%8C%E6%88%B0%E7%95%A5%E8%88%87%E5%9C%8B%E9%98%B2%E7%9A%84%E4%B8%BB%E8%A6%81%E7%AB%B6%E7%88%AD%E9%BB%9E%EF%BC%9A%E4%BA%BA%E5%B7%A5%E6%99%BA%E8%83%BD

川普簽署行政命令以促進美國ＡＩ領域的發展
https://stli.iii.org.tw/article-detail.aspx?no=64&tp=1&i=72&d=8228&lv2=72

美軍人工智能戰略評析
https://read01.com/zh-hk/0MzAAok.html#.XSGFGOgzbIU

川普訪日聚焦貿易　要求「美日貿易應更公平」
https://udn.com/news/story/11311/3834549

第三章

25%中午生效！美中第一天談判結束　關稅漲定了
https://udn.com/news/story/6813/3804435

史無前例！奧地利總統和總理同時訪華，所為何事？
https://kknews.cc/world/5levv83.html

共贏：中美貿易戰及未來經濟關係／作者：劉遵義　余江，時報出版

LIVE馬英九辦經濟論壇　下午場　馬郭韓朱　首度齊聚首
https://www.youtube.com/watch?v=BZlo2M-TIs0

朝野對立兩岸緊張　王金平：我最有能力解決這個困局
https://www.ettoday.net/news/20190502/1435782.htm#ixzz5sy5nrqqo

第四章

虎與狐：郭台銘的全球競爭策略／作者：張殿文／天下文化

解碼郭台銘語錄：超越自我的預言／作者：張殿文／天下文化

五千億傳奇：郭台銘的鴻海帝國／作者：張戌誼、張殿文、盧智芳／出版社：天下雜誌

蘋果中國市場遭挫　庫克預警折射深層次問題
https://www.bbc.com/zhongwen/trad/business-46762110

iPhone 銷售崩落　庫克在中國面臨兩大麻煩
https://www.businesstoday.com.tw/article/category/80393/post/201901090027/iPhone%E9%8A%B7%E5%94%AE%E5%B4%A9%E8%90%BD%20%E5%BA%AB%E5%85%8B%E5%9C%A8%E4%B8%AD%E5%9C%8B%E9%9D%A2%E8%87%A8%E5%85%A9%E5%A4%A7%E9%BA%BB%E7%85%A9

一圖看完　三星 Note 7 爆炸案始末全紀錄
https://www.cool3c.com/article/112723

盤點三星爆炸的多個型號手機，三星你需要退市反省！—每日頭條
https://kknews.cc/zh-tw/digital/eb5orq.html

第五章

許宗衡—維基百科，自由的百科全書—Wikipedia
https://zh.wikipedia.org/zh-tw/許宗衡

郭台銘大陸香港打官司　捍衛知識產權
http://www.yzzk.com/cfm/content_archive.cfm?id=1366172816875&docissue=2008-24

北京九州世初知識產權鑑定中心
https://m.dajie.com/corp/1098429?fromType=index

為諾基亞設廠，快速複製鴻海
https://www.gvm.com.tw/article.html?id=13068
深圳富士康員工墜樓事件，維基百科，自由的百科全書
https://zh.wikipedia.org/zh-tw/深圳富士康員工墜樓事件
他揭富士康12跳內幕「跳樓成流行病」是郭董佛心所致
https://news.tvbs.com.tw/politics/1135472
【完整版上集】獨家！郭台銘火線專訪暢談從政心路歷程與２０２０……
https://www.youtube.com/watch?v=stANeKUIzYY

第六章

超高畫質電視
https://zh.wikipedia.org/wiki/%E8%B6%85%E9%AB%98%E7%95%AB%E8%B3%AA%E9%9B%BB%E8%A6%96
專訪—孫月衛：深耕8K領域，夏普第四代產品有望秋季面世
https://kknews.cc/home/83qe5yg.html
夏普重回技術龍頭，助陣鴻海鋪路半導體
https://www.bnext.com.tw/article/52413/sharp-new-product-8k-cover-story-5
大阪股東會現場　新夏普的第一堂課日本直擊　上千名股東擠爆會場　質疑過去擔心未來
https://www.wealth.com.tw/home/articles/8320
夏普聯手故宮　打造８Ｋ博物館
https://money.udn.com/money/story/5612/3459682
最強企業×最好醫院，台大癌醫中心目標抗癌新藍海
https://www.bnext.com.tw/article/52414/national-taiwan-university-cancer-center-cover-story-6

郭台銘寫「義」字拍板救夏普　戴正吳：台灣需要郭董來改變
https://www.ettoday.net/news/20190531/1457228.htm

第七章

美國威脅退出WTO可能導致的後果：再無平台處理貿易爭端
https://www.bbc.com/zhongwen/trad/world-45365778

EU Is Ready to Retaliate as Trump Auto-Tariff Deadline Nears
https://www.bloomberg.com/news/articles/2019-05-13/eu-is-ready-to-retaliate-as-trump-s-auto-tariff-deadline-nears

經濟郭懂 Talkshow
https://www.facebook.com/TerryGou1018/videos/324490528215059/

東進、西和、南拓、北接策略　郭董拚台灣經濟藍圖【勝利者聯盟　第11集】
https://www.youtube.com/watch?v=dqkDI9xmZB0&fbclid=IwAR1RVXelk6vvyHs-QIMmVJLeFEM_UqBEL93fjw-4dablAjHHD-O1lWsKXNA

郭台銘問蔡英文：抗中，美就會挺台嗎？
https://www.worldjournal.com/6297777/article-%E9%83%AD%E5%8F%B0%E9%8A%98%E5%95%8F%E8%94%A1%E8%8B%B1%E6%96%87%EF%BC%9A%E6%8A%97%E4%B8%AD%EF%BC%8C%E7%BE%8E%E5%B0%B1%E6%9C%83%E6%8C%BA%E5%8F%B0%E5%97%8E%EF%BC%9F/

行政院：台灣去年工具機出口排名　躍升全球第4
https://www.cna.com.tw/news/aipl/201809110303.aspx

日本主導CPTPP　南韓評估加入
https://www.cna.com.tw/news/afe/201810240058.aspx

什麼是「先進製造夥伴2.0」（Advanced Manufacturing Partnership 2.0, AMP2.0）？
https://stli.iii.org.tw/article-detail.aspx?no=57&tp=5&i=3&d=7299

美國在台協會處長酈英傑「深化印太地區經濟關係論壇」致詞講稿
https://www.ait.org.tw/zhtw/sp-06182019-zhtw/

從傳統代工轉型工業4.0，解構新鴻海帝國的智慧戰略
https://www.bnext.com.tw/article/52395/industry-4.0-oem-transformation-foxconn-technology-group

郭台銘要組「國家隊」 喊出「東進、西和、北接、南拓」搶攻全球市場─ETtoday財經─ETtoday新聞雲 https://www.ettoday.net/news/20190524/1452004.htm#ixzz5suViuatg

「G20」杭州峰會與全球經濟展望（亞太評論）
http://www.tier.org.tw/achievements/pec3010.aspx?GUID=92208258-67ff-47a2-a47e-34dc681f3bf6

WTO秘書長強調現在是改革最佳時機
https://web.wtocenter.org.tw/Page.aspx?pid=322715&nid=489

特斯拉上海廠　超速完工
https://udn.com/news/story/7333/3877663

Waymo獲准在加州利用自駕車接載人員
https://chinese.engadget.com/2019/07/04/waymo-test-self-driving-taxis-employees-california/

Scott Morrison backs calls for WTO revamp as trade war threatens to escalate
https://www.afr.com/news/economy/scott-morrison-backs-calls-for-wto-revamp-as-trade-war-threatens-to-escalate-20180723-h130y3

第八章

張汝京
https://zh.wikipedia.org/wiki/%E5%BC%A0%E6%B1%9D%E4%BA%AC

張忠謀、張汝京　恩恩怨怨十五年
https://ec.ltn.com.tw/article/paper/865670

張忠謀：沒有他，就沒有台積電　誰是「台灣科技教父」？
https://www.cw.com.tw/article/article.action?id=5095492

聆聽台積電張忠謀董事長「台積電廿餘年篳路藍縷」演講心得
作者：薛明玲　日期：2010-12-27　00:00
http://www.alberthsueh.com/index.php?load=read&id=203

致中國半導體工作者的風雨60年
https://kknews.cc/zh-tw/history/vz5bzy4.html

夢幻技術「嚇死人」　台積電新廠用電超越整個東台灣
https://www.cw.com.tw/article/article.action?id=5084341

5G Transport: Challenges and New Architectures
https://www.youtube.com/watch?v=vJRZh5zPIlw

中興與美國政府達成和解　認罰10億美元並改組
https://www.bbc.com/zhongwen/trad/chinese-news-44404396

https://udn.com/news/story/11316/3311655
台積電3奈米廠環差過關　投資額超過6千億

「選擇美國投資高峰會」（SelectUSA）
https://www.trade.gov.tw/Pages/Detail.aspx?nodeID=1770&pid=659777&dl_DateRange=all&txt_SD=&txt_ED=&txt_Keyword=&Pageid=0

涂義傑觀點：南韓從我國815大停電學到了寶貴的教訓，我們呢？
https://www.storm.mg/article/448303

5G晶片　台積電穩居大贏家
https://udn.com/news/story/7240/3757847

〈台積電股東會〉不排除美國建廠或收購公司　主要投資仍立足台灣
https://news.cnyes.com/news/id/4331806?exp=a

專訪／核能行不行？郭台銘：應該先做節能減碳
https://udn.com/news/story/6656/3828549

第九章

維基百科：淡馬錫控股（https://zh.wikipedia.org/wiki/%E6%B7%A1%E9%A9%AC%E9%94%A1%E6%8E%A7%E8%82%A1）

孫正義維基百科，自由的百科全書 https://zh.wikipedia.org/zh-tw/ 孫正義

在貿易戰炮火中還能佈局獲利　為何孫正義讓郭董急著請益學習？
https://www.businesstoday.com.tw/article/category/80392/post/201906230002

「俄羅斯政府曾通過富商間接投資美國科技巨頭」（JESSE DRUCKER）
紐約時報中文網（https://cn.nytimes.com/world/20171106/yuri-milner-facebook-twitter-russia/zh-hant/）

Digital Sky Technologies（DST）是怎樣的一家投資公司？其創始人尤里．米爾納（Yuri Milner）的投資風格是怎樣的？
https://www.zhihu.com/question/19785586

吳恩達：維基百科
https://zh.wikipedia.org/wiki/%E5%90%B4%E6%81%A9%E8%BE%BE

台日首富同框　郭台銘、軟銀創辦人孫正義身價驚人—ETtoday 政治—ETtoday 新聞雲 https://www.ettoday.net/news/20190622/1473197.htm#ixzz5ssJW3EcQ

看好半導體實力　孫正義：安謀將加碼投資台灣
https://www.cna.com.tw/news/firstnews/201906225004.aspx

亞洲週刊—孫正義訪台支持郭台銘
https://www.yzzk.com/cfm/blogger3.cfm?id=1561606494075&author...
2019臺灣併購白皮書—資誠 PwC Taiwan—資誠聯合會計師事務所
https://www.pwc.tw/zh/publications/topic-invest/2019-taiwan-mna.html
韓推製造業文藝復興　目標十年內躋身全球四大製造強權
https://udn.com/news/story/6809/3881724
林百里列席部務會議談AI經濟部開首例
https://money.udn.com/money/story/5612/3843240

第十章

永齡基金會
http://www.yonglin.org.tw/
台大癌醫中心醫院
http://www.ntucc.gov.tw/ntucc/Index.action
基因定序市場競爭加速！
https://ibmi.taiwan-healthcare.org/news_detail.php?REFDOCTYPID=&REFDOCID=0ppryrqsx7e20vut
從小藥房華麗轉身成跨國巨艦，德商攜手郭台銘來台找創新
https://www.bnext.com.tw/article/53903/merck-foxconn-terry-kuo-taiwan-startup-plan
專訪：台大癌症醫院院長鄭安理2016年10月16日—亞洲週刊
www.yzzk.com/cfm/search1.cfm?keyword=生技
抗癌—亞洲週刊
https://yzzk.com/cfm/search1.cfm?keyword=抗癌

首富活到一百二十歲　醫療科技作後盾四大布局環環相扣　迎接生技大錢潮
https://www.wealth.com.tw/home/articles/11214

第十一章

燕巢芭樂送到了！郭董化身賣果郎　6千公斤一小時搶光
https://news.tvbs.com.tw/politics/1103086
亞馬遜推新音箱　鴻海樂
https://udn.com/news/story/7253/3381118
智慧音箱
https://www.bnext.com.tw/search/tag/%E6%99%BA%E6%85%A7%E9%9F%B3%E7%AE%B1
中國最大科技股上市　工業富聯推動中國工業4.0
https://www.yzzk.com/cfm/content_archive.cfm?id=1528959677029&docissue=2018-24
李傑：實體經濟主導ＡＩ可挖掘潛在商機
https://www.youtube.com/watch?v=73OqN483kYQ
工業富聯副董李傑：關燈工廠解放低階勞動力
https://udn.com/news/story/7333/3648782
燈塔工廠：富士康工業互聯網股份有限公司
www.fii-foxconn.com/
郭台銘去選總統，鴻海集團的接班3人選！誰最有機會？
https://www.managertoday.com.tw/articles/view/57770
鴻海工業富聯「關燈工廠」　8萬個機器人聯網
https://news.tvbs.com.tw/politics/1107122

第十二章

Pepper
https://zh.wikipedia.org/wiki/Pepper_(%E6%A9%9F%E5%99%A8%E4%BA%BA)

「機器人Pepper」ＡＩ時代　郭台銘鴻海布局　看板人物　20170618（完整版）
https://www.youtube.com/watch?v=XSUQ59TUEFQ

談人工智慧　軟銀孫正義『將創人類史上最大革命！』孫正義：台灣若推廣ＡＩ絕對有跟大國競爭的本錢！【G2新變局】
https://www.youtube.com/watch?v=JLLlp2Fdt8g

連續20年報酬率超過44％軟銀孫正義正在投資哪些公司？
https://www.businesstoday.com.tw/article/category/80401/post/201906250017/%E9%80%A3%E7%BA%8C20%E5%B9%B4%E5%A0%B1%E9%85%AC%E7%8E%87%E8%B6%85%E9%81%8E44%EF%BC%85%20%20%E8%BB%9F%E9%8A%80%E5%AD%AB%E6%AD%A3%E7%BE%A9%E6%AD%A3%E5%9C%A8%E6%8A%95%E8%B3%87%E5%93%AA%E4%BA%9B%E5%85%AC%E5%8F%B8%EF%BC%9F

「中華民國是瀕臨破產的公司」郭台銘若任總統　日本軟銀孫正義將助台灣退休金海外投資
https://www.storm.mg/article/1413048

早川德次（夏普），維基百科，自由的百科全書
https://zh.wikipedia.org/zh-tw/早川德次_（夏普）

The most powerful person in Silicon Valley
https://www.fastcompany.com/90285552/the-most-powerful-person-in-silicon-valley

The Alexa Fund—Amazon Developer
https://developer.amazon.com/es/alexa-fund

張忠謀：終身學習　避免被ＡＩ取代
https://udn.com/news/story/7240/3887498

臉譜書房 FS0104

未來智造者
——郭台銘台灣優先策略

作　　者	張殿文
封面設計	克里斯
行銷企畫	陳彩玉、藍偉貞
業　　務	陳紫晴、林佩瑜
出　　版	臉譜出版
發 行 人	凃玉雲
總 經 理	陳逸瑛
編輯總監	劉麗真
	城邦文化事業股份有限公司 台北市民生東路二段141號5樓 電話：886-2-25007696　傳真：886-2-25001952
發　　行	英屬蓋曼群島商家庭傳媒股份有限公司城邦分公司 台北市中山區民生東路141號11樓 客服專線：02-25007718；25007719 24小時傳真專線：02-25001990；25001991 服務時間：週一至週五上午09:30-12:00；下午13:30-17:00 劃撥帳號：19863813　戶名：書虫股份有限公司 讀者服務信箱：service@readingclub.com.tw 城邦網址：http://www.cite.com.tw
香港發行所	城邦（香港）出版集團有限公司 香港灣仔駱克道193號東超商業中心1/F 電話：852-2508 6231　傳真：852-2578 9337
新馬發行所	城邦（馬新）出版集團 Cite (M) Sdn Bhd. 41-3, Jalan Radin Anum, Bandar Baru Sri Petaling, 57000 Kuala Lumpur, Malaysia. 電話：603-9056 3833　傳真：603-9057 6622 讀者服務信箱：services@cite.my
初版一刷	2019年7月
I S B N	978-986-235-763-7 定價380元

城邦讀書花園
www.cite.com.tw

（本書如有缺頁、破損、倒裝，請寄回本社更換）

國家圖書館出版品預行編目（CIP）資料

未來智造者：郭台銘台灣優先策略／
張殿文著. -- 一版. -- 臺北市：臉譜出
版：家庭傳媒城邦分公司發行, 2019.07
　面；　公分. --（臉譜書房；FS0104）
ISBN 978-986-235-763-7（平裝）

1.臺灣政治

573.07　　108009490